Der Mann des Schicksals

Komödie in einem Akt

Bernard Shaw

(Translator: Siegfried Trebitsch)

Alpha Editions

This edition published in 2022

ISBN : 9789356780576

Design and Setting By
Alpha Editions
www.alphaedis.com
Email - info@alphaedis.com

DER MANN DES SCHICKSALS

Bernard Shaw

(Translator: Siegfried Trebitsch)

PERSONEN

Napoleon
Ein Leutnant
Eine fremde Dame
Giuseppe
Grandi, Gastwirt

Schauplatz der Handlung: Tavazzano, ein kleiner Ort auf dem Wege von Mailand nach Lodi.

(Es ist am 12. Mai 1796 in Norditalien, in Tavazzano, auf der Straße von Lodi nach Mailand; die Nachmittagssonne strahlt hell herab auf die Ebenen der Lombardei. Sie behandelt die Alpen mit Respekt and die Ameisenhügel mit Nachsicht und wird weder durch die sich sonnenden Schweine und Ochsen in den Dörfern belästigt, noch verletzt durch das kühle Verhalten der Kirchen gegenüber ihrem Licht. Verachtungsvoll lacht sie jedoch über zwei Horden schädlicher Insekten, nämlich der österreichischen und der französischen Armee. Vor zwei Tagen, bei Lodi, hatten die Österreicher die Franzosen zu hindern versucht, den Fluß auf der dort befindlichen schmalen Brücke zu überschreiten. Aber die Franzosen, befehligt von einem siebenundzwanzigjährigen General, Napoleon Bonaparte, der die Kriegskunst nicht versteht, überschritten dennoch die von feindlichem Feuer bestrichene Brücke, unterstützt von einer furchtbaren Kanonade, bei welcher der junge General selbst Hand anlegte. Das Schießen mit Kanonen ist seine technische Spezialität. Er ist in der Artillerie unter dem alten Regime ausgebildet und ein Meister in den militärischen Künsten, sich von seinen Pflichten zu drücken, den Kriegszahlmeister um Reisespesen zu beschwindeln und den Krieg mit dem Lärm and Rauch der Kanonen zu verherrlichen, der auf allen militärischen Bildern aus dieser Epoche zu sehen ist. Er ist jedoch ein origineller Beobachter und hat seit der Erfindung des Schießpulvers als erster herausgefunden, daß eine Kanonenkugel den Mann, den sie trifft, unfehlbar töten muß. Dem gründlichen Erfassen dieser bemerkenswerten Entdeckung fügte er eine höchst entwickelte Fähigkeit für physikalische Geographie und für die Berechnung von Zeit und Entfernungen hinzu. Er besitzt eine erstaunliche Arbeitskraft und eine klare, realistische Kenntnis der menschlichen Natur in bezug auf öffentliche Angelegenheiten, die er während der französischen Revolution nach dieser Richtung hin reichlich erprobt hat. Er hat Einbildungskraft ohne Illusionen, und schöpferischen Geist ohne Religion, Loyalität, Patriotismus oder irgendeines der landläufigen Ideale, obwohl er dieser nicht unfähig ware; im Gegenteil: er hat sie alle einmal in seiner Knabenzeit begierig eingezogen, und da er feine dramatische Fähigkeiten besitzt, versteht er sie mit der Kunst eines Schauspielers und Bühnenleiters äußerst geschickt auszuspielen. Dabei ist er durchaus kein verzogenes Kind. Armut, Mißgeschick, die Kniffe einer ärmlich zur Schau getragenen Eleganz, wiederholte Durchfälle als Autor, die Demütigungen eines zurückgestoßenen Strebers, die Verweise und Bestrafungen, die der untaugliche und unehrenhafte Offizier zu ertragen hat, haben das verhindert. Er entging sogar nur mit knapper Not der Strafe, aus dem Dienste gejagt zu werden. Wenn recht Auswanderung der Adeligen selbst den Wert des schuftigsten Leutnants zu dem Teuerungspreise eines Generals gesteigert hätte, würde er mit Verachtung aus dem Heere ausgestoßen worden sein. Alle diese Schicksale haben ihm jede Selbstüberschätzung ausgetrieben und ihn gezwungen, genügsam zu sein und zu begreifen, daß die Welt einem Manne seinesgleichen nichts gibt, was er ihr nicht mit Gewalt abringen kann. Hierin aber zeigt die Welt einige Feigheit und Dummheit. Denn ein erbarmungsloser Kanonier des politischen Kehrichts, wie Napoleon es war, ist der Welt von Nutzen. Man kann sogar heute nicht in England leben, ohne manchmal einzusehen, wieviel dieses Land dabei verlor, daß es nicht von Napoleon ebenso wie von Julius Cäsar erobert wurde.)

(An jenem Mainachmittag des Jahres 1796 jedoch ist es noch früh in seinem Leben. Er ist erst sechsundzwanzig Jahre alt und erst kürzlich General geworden, teilweise mit Hilfe seiner Frau, die er dazu benutzt hat, das Direktorium (das damals Frankreich regierte) zu verführen, und teilweise durch den bereits erwähnten, infolge der Auswanderung entstandenen Mangel an Offizieren. Aber auch dank seiner Fähigkeit, ein Land mit all seinen Straßen, Flüssen, Hügeln und Tälern wie die Fläche seiner eigenen Hand zu kennen, und vor allem dank seinem neuen Glauben an die Wirkung der Kanonen auf Menschen. Seine Armee war, was die Disziplin betrifft, in einem Zustand, der moderne Historiker, vor denen das folgende Stück aufgeführt worden ist, so sehr entsetzt hat, daß sie, eingeschüchtert von dem späteren Ruhme des "Empereur", sich geweigert haben, an solche Vorkommnisse zu glauben. Aber Napoleon ist noch nicht "l'Empereur", es wurde ihm eben erst der Titel "le petit caporal" verliehen, und er ist im Begriff, durch renommistische Tapferkeit Einfluß auf seine Leute zu gewinnen. Er ist nicht in der Lage, seinen Willen nach orthodoxer militärischer Art mit Hilfe der neunschwänzigen Katze bei ihnen durchzusetzen. Die französische Revolution, die nur durch die monarchische Gewohnheit, den Soldaten den Lohn wenigstens vier Jahre lang schuldig zu bleiben, dem Schicksal, unterdrückt zu werden, entging, hat, wo es irgend anging, diesen Brauch durch die Gewohnheit ersetzt, überhaupt keinen zu zahlen. Statt dessen werden die Leute mit Versprechungen und patriotischen Schmeicheleien abgespeist, die mit dem Militärgeist preußischer Art unvereinbar gewesen wären. Napoleon hat sich daher als ein Befehlshaber von zerlumpten Leuten ohne Geld, die nicht aufgelegt sind, sich viel

Disziplin gefallen zu lassen, namentlich nicht von emporgekommenen Generälen, den Alpen genähert. Dieser Umstand, der einen idealistischen Soldaten in Verlegenheit gebracht hätte, ersetzte Napoleon tausend Kanonen. Er sprach zu seinen Soldaten: "Ihr habt Patriotismus und Mut; aber ihr habt kein Geld, keine Kleidung und kaum etwas zu essen. In Italien gibt es all diese Dinge und Ruhm noch dazu für eine ergebene Armee, die von einem General geführt wird, der Plünderung als das natürliche Recht des Soldaten betrachtet. Ich bin ein solcher General. En avant, mes enfants!"— Das Resultat hat ihm vollkommen recht gegeben. Seine Soldaten eroberten Italien, wie die Wanderheuschrecken Cypern erobert haben. Sie kämpften den ganzen Tag und marschierten die ganze Nacht, legten unmögliche Entfernungen zurück, tauchten an unmöglichen Orten auf,—aber nicht etwa, weil jeder Soldat wußte, daß er den Marschallstab in seinem Tornister trage, sondern weil jeder hoffte, am nächsten Tage wenigstens ein halbes Dutzend silberner Gabeln fort zu tragen. Zugleich muß man sich darüber klar sein, daß die französische Armee nicht mit der italienischen Krieg führt. Sie ist nur da, um Italien von der Tyrannei seiner österreichischen Eroberer zu befreien und republikanische Einrichtungen herzustellen, so daß sie, wenn sie gelegentlich plündert, nur ein wenig frei mit dem Eigentum ihrer Freunde umgeht, wofür Italien sogar hätte dankbar sein sollen, wenn Undankbarkeit nicht die sprichwörtliche Schwäche der Italiener wäre. Die Österreicher, die sie bekämpfen, haben eine recht ansehnliche reguläre, gut disziplinierte Armee, von Herren kommandiert, die in der bisher geübten Kriegskunst erfahren sind, an ihrer Spitze Beaulieu, der die klassische Kriegskunst ausübt, nach Befehlen von Wien aus, und von Napoleon fürchterlich geschlagen wird, der auf eigene Faust handelt, ohne Rücksicht auf militärisches Herkommen und Befehle aus Paris. Selbst wenn die Österreicher eine Schlacht gewannen, brauchte man nur zu warten, bis sie nach ihrer Gewohnheit in ihre Hauptquartiere heimgekehrt waren, sozusagen zum Nachmittagstee, um sie dann zurückzugewinnen, ein Verfahren, das Napoleon später mit glänzendem Erfolge bei Marengo anzuwenden wußte. Mit einem Wort, Napoleon versteht es, ohne heroische Wunder zu vollbringen, einem Feinde gegenüber unwiderstehlich zu sein, der den Nachteil hat, von österreichischer Staatsmannschaft, klassischer Generalsweisheit und den Forderungen der aristokratischen Wiener Gesellschaft geleitet zu werden. Die Welt jedoch liebt Wunder und Helden und ist ganz unfähig, die Handlungsweise solcher Mächte, wie akademischer Militarismus und Wiener Boudoirunwesen sind, zu begreifen. Daher hat sie schon begonnen, das Wort "l'Empereur" zu prägen, und es dadurch hundert Jahre später den Romantikern erschwert, die folgende bis dahin unaufgezeichnete kleine Szene zu glauben, die sich in Tavazzano ereignet hat. Das beste Quartier in Tavazzano ist ein kleines Gasthaus, das erste, das der Wanderer antrifft, der auf dem Wege von Mailand noch Lodi den Ort berührt. Es steht in einem Weingarten, und sein größtes Zimmer, ein angenehmer Zufluchtsort vor der Sommerhitze, ist gegen diesen Weingarten nach rückwärts so weit geöffnet, daß es beinahe einer großen Veranda gleicht. Die mutigeren unter den Kindern, die durch Alarmsignale und die Ausfälle der letzten Tage und durch den Einmarsch französischer Truppen um sechs Uhr in großer Aufregung sind, wissen, daß der französische Kommandeur sich in dieses Zimmer einquartiert hat, und schwanken zwischen dem Verlangen, durch das Vorderfenster verstohlene Blicke hineinzuwerfen, und einer tödlichen Angst vor der Schildwache, einem jungen Soldaten aus vornehmer Familie, der keinen natürlichen Schnurrbart besitzt und sich deshalb einen sehr martialischen mit Stiefelwichse von seinem Feldwebel hat ins Gesicht hineinmalen lassen. Da seine schwere Uniform, wie alle Uniformen seiner Zeit, ohne die leiseste Rücksichtnahme auf seine Gesundheit oder seine Bequemlichkeit, lediglich für die Parade bestimmt ist, schwitzt er fürchterlich in der Sonne; sein gemalter Schnurrbart ist in kleinen Streifen sein Kinn und seinen Hals herabgelaufen, mit Ausnahme von jenen Stellen, wo er zu einer Kruste wie von japanischem Lack getrocknet ist, und wo seine schön geschweifte Linie durch groteske kleine Buchten und Landzungen unterbrochen wird. Alles dies macht ihn unsagbar lächerlich in den Augen der Geschichte hundert Jahre später, aber fürchterlich und schrecklich in den Augen der zeitgenössischen norditalienischen Kinder, denen es ganz natürlich erscheinen würde, wenn die Wache die Eintönigkeit des Postenstehens dadurch zu beleben versuchte, daß sie ein verlaufenes Kind auf ihr Bajonett spießte, um es ungekocht zu verspeisen. Trotzdem hat ein Mädchen von schlechtem Charakter, an dem schon der Sinn für ein gewisses Vorrecht, das sie bei den Soldaten hat, erwacht ist, sich für einen Augenblick verstohlen an das sicherste Fenster geschlichen, bis ein Blick und ein Klirren der Wache es davonjagt. Was die Kleine zumeist sieht, das hat sie schon früher gesehen: den Weingarten mit der alten Kelter dahinter und einen Karren bei den Weinstöcken; die Türe dicht zu ihrer Rechten, die nach dem Eingange des Gasthauses führt, wo des Wirtes bester Schenktisch weiter hinten an derselben Seite nun in voller Tätigkeit für das Mittagessen steht; auf der anderen Seite den Kamin mit einem Sofa in der Nähe und eine andere Tür, die zwischen Kamin und Weingarten in die inneren Räume führt; in der Mitte einen Tisch mit seiner Mahlzeit von Mailänder Risotto, Käse, Trauben, Brot, Oliven und einer großen, mit Weidenzweigen umflochtenen Flasche Rotwein. Der Wirt, Giuseppe Grandi, ist auch nichts Neues für sie; er ist ein dunkelfarbiger, lebhafter, gehörig heiterer, schwarzlockiger, kugelköpfiger, grinsender kleiner Mann von vierzig Jahren. Schon von Natur ein guter Wirt, ist er heute abend in extra guter Laune über sein Glück, den französischen Kommandeur als Gast unter seinem Dache zu haben, dessen Gegenwart ihn vor den Übergriffen der Soldaten schützt. Er trägt sogar ein Paar goldener Ohrringe zur Schau, die er sonst mit seinem kleinen Besitz an Silbergeschirr sorgfältig unter der Kelter versteckt haben würde.)

(Napoleon jedoch, der ihm gegenüber an der hinteren Seite des Tisches sitzt, und seinen Hut, seinen Degen und seine Reitpeitsche, die auf dem Sofa liegen, sieht das Mädchen zum erstenmal. Er arbeitet hart, teils an seiner Mahlzeit, die er in zehn Minuten zu verschlingen weiß, indem er alle Gerichte gleichzeitig in Angriff nimmt (diese Gewohnheit ist der erste Schritt zu seinem späteren Untergange), und teils an einer Landkarte, die er aus dem Gedächtnis verbessert, wobei er gelegentlich die Stellungen seiner Streitkräfte kennzeichnet, indem er eine Traubenschale aus dem Munde nimmt und sie mit seinem Daumen wie eine Oblate auf die Landkarte drückt. Er hat Schreibmaterial vor sich liegen, unordentlich mit den Gerichten und Flaschen vermengt, und sein langes Haar fällt bald in die Risottobrühe herab, bald in die Tinte.)

(Giuseppe.) Wollen Exzellenz....

(Napoleon blickt gespannt auf seine Karte, stopft sich aber mit der linken Hand mechanisch den Mund dabei voll): Schwatz' nicht, ich habe zu tun.

(Giuseppe in ungetrübt guter Laune:) Wie Sie befehlen, Exzellenz.

(Napoleon.) Bring mir rote Tinte!

(Giuseppe.) Leider habe ich keine, Exzellenz.

(Napoleon mit korsischem Humor:) Töte etwas und bring' mir das Blut.

(Giuseppe grinsend:) Es ist nichts im Hause, als das Pferd Eurer Exzellenz, die Schildwache, die Dame im ersten Stock und meine Frau.

(Napoleon.) Töte deine Frau.

(Giuseppe.) Mit größtem Vergnügen, Exzellenz. Aber unglücklicherweise ist sie stärker als ich—sie würde mich töten.

(Napoleon.) Das wäre ebenso gut.

(Giuseppe.) Exzellenz erweisen mir zu viel Ehre. (Seine Hand nach der Flasche ausstreckend:) Vielleicht kann etwas Wein den Zweck erfüllen.

(Napoleon beschützt die Flasche schnell und wird ganz ernst:) Wein? Nein—das wäre Verschwendung. Ihr seid alle gleich—Verschwendung! Verschwendung! Verschwendung! (Er markiert die Landkarte mit Sauce, wobei er die Gabel als Feder benützt.) Räum' ab! (Er leert sein Weinglas, stößt seinen Stuhl zurück und benützt seine Serviette, streckt dann die Beine aus und lehnt sich zurück, aber noch immer die Stirn runzelnd und in Gedanken.)

(Giuseppe räumt den Tisch ab und stellt die Sachen auf ein Tablett, das auf dem Büfett steht:) Ein jeder denkt, wie es für sein Geschäft taugt, Exzellenz. Wir Gastwirte verfügen über eine Menge billigen Wein; wir finden nichts dabei, ihn zu vergießen,—Ihr großen Generale verfügt über eine Menge billiges Blut: Ihr findet nichts dabei, es zu vergießen. Hab' ich recht, Exzellenz?

(Napoleon.) Blut kostet nichts, Wein kostet Geld. (Er erhebt sich und geht an den Kamin.)

(Giuseppe.) Man sagt, daß Sie mit allem sparen, außer mit Menschenleben, Exzellenz.

(Napoleon.) Ein Menschenleben, mein Freund, ist das einzige Ding, das sparsam mit sich selbst umgeht. (Er wirft sich behaglich auf das Sofa.)

(Giuseppe ihn bewundernd:) O Exzellenz, wie dumm sind wir alle, mit Ihnen verglichen! Wenn ich nur das Geheimnis Ihrer Erfolge erraten könnte!

(Napoleon.) Dann würdest du dich zum Kaiser von Italien machen, was?

(Giuseppe.) Das wäre für mich zu mühsam, Exzellenz, ich überlasse es lieber Ihnen. Überdies, was sollte aus meiner Wirtschaft werden, wenn ich Kaiser würde? Sie sehen mir gerne zu, wie ich mein Gasthaus für Sie verwalte und Sie bediene. Nun, ich will Ihnen gerne zusehen, wie Sie Kaiser von Europa werden und Italien für mich regieren. (Während er schwätzt, nimmt er das Tischtuch ab, ohne die Landkarte und das Tintenfaß wegzunehmen. Er nimmt die Ecken des Tuches in die Hände und die Mitte in den Mund, um es zusammenzufalten.)

(Napoleon.) Kaiser von Europa? Was? Warum bloß von Europa?

(Giuseppe.) Sie haben wahrhaftig recht, Exzellenz, warum nicht Kaiser der Welt? (Er faltet und rollt das Tischtuch zusammen, und bekräftigt seine Sätze mit den einzelnen Phasen dieses Vorgangs:) Ein Mensch ist wie der andre—(er faltet es:) ein Land ist wie das andre, (faltet:) eine Schlacht ist wie die andre. (Als er das letzte Stück gefaltet hat, schlägt er das Tischtuch auf den Tisch, rollt es geschickt zusammen and schließt seinen Redefluß:) Gewinnt man eine, so gewinnt man alle. (Er geht mit dem Tischtuch an das Büfett und legt es in eine Schublade.)

(Napoleon.) Und für alle regieren, für alle kämpfen, jedermanns Knecht sein unter dem Vorwande, jedermanns Herr zu sein, Giuseppe!

(Giuseppe vor dem Büfett:) Exzellenz—?

(Napoleon.) Ich verbiete dir, mit mir über mich zu sprechen.

(Giuseppe geht an das Fußende des Sofas:) Pardon, Exzellenz sind darin so ganz verschieden von andren großen Männern, die lieben gerade dieses Thema am meisten.

(Napoleon.) Gut, sprich mit mir über das, was große Männer als zweitbestes lieben, was es auch sein mag.

(Giuseppe ohne in Verlegenheit zu geraten:) Zu Befehl, Exzellenz. Haben Exzellenz durch irgendeinen Zufall etwas von der Dame da oben zu sehen bekommen?

(Napoleon setzt sich sofort auf und sieht ihn mit einem Interesse an, das die Frage vollkommen angebracht erscheinen läßt:) Wie alt ist sie?

(Giuseppe.) Sie hat das richtige Alter, Exzellenz.

(Napoleon.) Meinst du siebzehn oder dreißig?

(Giuseppe.) Dreißig, Exzellenz.

(Napoleon.) Ist sie schön?

(Giuseppe.) Ich kann nicht mit Ihren Augen sehn, Exzellenz! Jeder Mann muß das selbst beurteilen. Meiner Meinung nach ist sie eine schöne Dame. (Schlau:) Soll ich ihr hier den Tisch für das Frühstück decken?

(Napoleon erhebt sich heftig:) Nein! Deck hier nicht mehr, bevor der Offizier, auf den ich warte, zurückkommt. (Er sieht auf seine Uhr und fängt an, zwischen dem Kamin und dem Weingarten auf und ab zu gehn.)

(Giuseppe mit Überzeugung:) Exzellenz, glauben Sie mir, er ist von den verfluchten Österreichern gefangen worden; er würde es nicht wagen, Sie warten zu lassen, wenn er frei wäre.

(Napoleon kehrt sich beim Schatten der Veranda um:) Giuseppe! wenn sich herausstellen sollte, daß du recht hast, so wird mich das in eine Laune versetzen, daß mich nichts anderes besänftigen kann, als dich und deinen ganzen Haushalt—die Dame dort oben inbegriffen—aufhängen zu lassen!

(Giuseppe.) Wir stehen Ihnen alle gerne zur Verfügung, Exzellenz! mit Ausnahme der Dame. Ich kann für sie nicht bürgen; aber welche Frau könnte Ihnen widerstehen?!

(Napoleon setzt seine Wanderung düster fort:) Hm, du wirst niemals am Galgen enden. Es ist kein Vergnügen dabei, einen Mann zu hängen, der nichts dagegen einzuwenden hat.

(Giuseppe liebenswürdig:) Nicht das geringste, Exzellenz, nicht wahr? (Napoleon blickt wieder auf seine Uhr und wird sichtlich unruhig:) Oh, man sieht, daß Sie ein großer Mann sind, Exzellenz! Sie verstehen zu warten.

Wenn ein Korporal oder ein junger Leutnant an Ihrer Stelle wäre—nach drei Minuten würde er fluchen, toben, drohen und das Haus von oben nach unten kehren.

(Napoleon.) Giuseppe, deine Schmeicheleien sind unerträglich. Geh und schwatz draußen. (Er setzt sich wieder an den Tisch, sein Kinn auf die Hände, seine Ellbogen auf die Landkarte gestützt, und starrt mit unruhigem Ausdruck auf sie hin.)

(Giuseppe.) Zu Befehl, Exzellenz, Sie sollen nicht gestört werden. (Er nimmt das Tablett und ist im Begriff, sich zurückzuziehen.)

(Napoleon.) Sobald er da ist, schick' ihn zu mir herein.

(Giuseppe.) Augenblicklich, Exzellenz.

(Die Stimme einer Dame ruft von irgendeinem entfernten Teil des Gasthauses:) Giuseppe! (Die Stimme ist sehr melodisch, und die zwei letzten Buchstaben werden in aufsteigender Skala gesungen.)

(Napoleon stutzig:) Was ist das?...

(Giuseppe stützt das Ende seines Servierbrettes auf den Tisch und beugt sich vertraulich vor:) Die Dame, Exzellenz.

(Napoleon zerstreut:) Ja... was für eine Dame... wessen Dame?...

(Giuseppe.) Die fremde Dame, Exzellenz.

(Napoleon.) Was für eine fremde Dame?

(Giuseppe achselzuckend:) Wer kann es wissen! Sie ist eine halbe Stunde vor Ihnen hier angekommen, in einem Mietwagen, der dem "Goldenen Adler" in Borghetto gehört. Tatsächlich: sie ganz allein, Exzellenz,—ohne Dienerschaft! Eine Handtasche und ein Koffer, das war alles. Der Postillon sagte mir, daß sie im "Goldenen Adler" ein Pferd gelassen habe, ein Chargenpferd mit militärischem Sattelschmuck.

(Napoleon.) Eine Frau mit einem Chargenpferd?—Das ist ungewöhnlich.

(Die Stimme der Dame. Die zwei letzten Buchstaben werden jetzt in herabsteigender Skala gesungen:) Giuseppe!

(Napoleon springt auf, um zu horchen:) Das ist eine interessante Stimme.

(Giuseppe.) Oh es ist eine interessante Dame, Exzellenz. (Ruft:) Ich komme schon! ich komme schon, meine Gnädige! (Er eilt zur inneren Tür.)

(Napoleon hält ihn mit starker Hand an der Schulter fest:) Halt! Sie soll hierher kommen.

(Die Stimme ungeduldig:) Giuseppe!

(Giuseppe flehentlich:) Lassen Sie mich gehn, Exzellenz. Es ist meine Ehrenpflicht als Wirt, zu kommen, wenn man mich ruft. Ich wende mich an den Soldaten in Ihnen!

(Eines Mannes Stimme ruft draußen vor der Tür des Wirtshauses:) Ist jemand da? Hallo! Wirt! wo sind Sie? (Es wird heftig mit dem Knopf einer Peitsche auf eine Bank in der Einfahrt geschlagen. Napoleon der plötzlich wieder kommandierender Offizier wird, stößt Giuseppe fort:) Da ist er endlich! (Auf die innere Tür weisend:) Geh, kümmere dich um dein Geschäft. Die Dame ruft nach dir. (Er geht zum Kamin und steht mit dem Rücken dagegen, mit entschlossenem militärischem Gesichtsausdruck.)

(Giuseppe atemlos, reißt sein Tablett an sich:) Gerne, Exzellenz! (Er eilt durch die innere Tür hinaus.)

(Die Stimme des Mannes ungeduldig:) Schläft hier alles? (Die dem Kamin gegenüberliegende Tür wird heftig mit dem Fuße aufgestoßen, and ein staubbedeckter Leutnant stürzt in das Zimmer. Er ist ein törichter, junger Bursche von vierundzwanzig Jahren mit der hellen, zarten, reinen Haut des vornehmen Mannes und mit jener Selbstsicherheit des Aristokraten, welche die französische Revolution nicht im geringsten erschüttern konnte. Er hat eine dicke, dumme Lippe, ein eifriges, leichtgläubiges Auge, eine eigensinnige Nase und eine laute selbstbewußte Stimme.—Ein junger Mensch ohne Furcht, obne Ehrfurcht, ohne Einbildungskraft, ohne Verstand und hoffnungslos unempfänglich für die napoleonische oder irgendeine andere Idee. Fabelhaft egoistisch, im höchsten Grade dazu geeignet, dort geräuschvoll hereinzustürmen, wo selbst ein Engel sich fürchten würde, nur den Fuß aufzusetzen, doch von einer starken geschwätzigen Lebenskraft, die ihn mitten in das tollste Gewirr der Dinge hetzt. Er kocht eben vor Wut, anscheinend, weil er empört ist, nicht schnell vom Gesinde des Gasthauses bedient zu werden, aber ein schärfer beobachtendes Auge kann eine gewisse moralische Niedergeschlagenheit in ihm entdecken, welche andeutet, daß er unter einem anhaltenderen und wichtigeren Verdruß leidet. Als er Napoleon bemerkt, kommt er genügend zu sich, um sich zusammenzuraffen und zu salutieren. Aber er verrät auf keine Weise durch sein Benehmen etwas von jener prophetischen Voraussicht von Marengo und Austerlitz, Waterloo und St. Helena oder der Napoleonbilder von Delaroche und Meissonier, die die moderne Kultur instinktiv bei ihm voraussetzen würde.)

(Napoleon scharf:) Nun, Herr, sind Sie endlich angekommen? Ihr Befehl lautete, daß ich um sechs Uhr hier sein würde, und daß Sie mich mit meiner Pariser Post and meinen Depeschen erwarten sollten! Und jetzt fehlen nur noch zwanzig Minuten an acht. Sie wurden als guter Reiter für diesen Dienst ausersehen, mit dem schnellsten Pferde, das wir im Lager haben. Sie kommen hundert Minuten zu spät und kommen zu Fuß—wo ist Ihr Pferd?

(Leutnant zieht verdrießlich seine Handschuhe aus und wirft sie mit seiner Mütze und Peitsche auf den Tisch:) Ja, wo ist es? Das gerade wüßte ich selber gern, Herr General. (Mit Bewegung:) Sie wissen nicht, wie ich dies Pferd geliebt habe.

(Napoleon ärgerlich, sarkastisch:) Wirklich! (Mit plötzlicher Besorgnis:) Wo sind die Briefe und Depeschen?

(Leutnant wichtig, eher froh, daß er ganz besondere Nachrichten hat, als bekümmert:) Das weiß ich nicht.

(Napoleon traut seinen Ohren nicht:) Das wissen Sie nicht?!

(Leutnant.) Nicht besser als Sie, Herr General. Nun werde ich wohl vor ein Kriegsgericht kommen. Schön! ich habe nichts dagegen, standrechtlich behandelt zu werden, aber (mit feierlichem Entschluß:) ich sage Ihnen, Herr General, wenn ich diesen unschuldig aussehenden Burschen jemals erwischen sollte,—diesen verschmitzten, kleinen Lügner!—dann werde ich seine Schönheit zurichten… eine Fratze will ich aus ihm machen… ich werde—-

(Napoleon kommt vom Kamin an den Tisch vor:) Was für einen unschuldig aussehenden Burschen? Raffen Sie sich zusammen, Mensch—ja?—und berichten Sie militärisch!

(Leutnant steht ihm gegenüber an der anderen Seite des Tisches und stützt sich mit den Fäusten auf:) Oh ich bin ganz gefaßt, Herr General—ich bin vollkommen bereit, Rede zu stehen. Ich werde dem Kriegsgericht gründlich klarmachen, daß ich unschuldig bin. Die bessere Seite meiner Natur wurde schändlich ausgenützt, und ich schäme mich dessen nicht. Aber mit allem Respekt vor Ihnen, als meinem Vorgesetzten, wiederhole ich, Herr General, daß, wenn ich diesem Satanssohne jemals wieder begegnen sollte, ich ihn—

(Napoleon ärgerlich:) Das haben Sie schon einmal gesagt!

Leutnant richtet sich auf: Und ich wiederhole es: warten Sie nur so lange, bis ich ihn erwischt habe!—weiter nichts! (Er kreuzt entschlossen die Arme und atmet schwer mit aufeinandergepreßten Lippen.)

(Napoleon.) Ich warte, Herr—auf Ihre Aufklärungen!

(Leutnant zuversichtlich:) Sie werden Ihren Ton ändern, Herr General, wenn Sie hören, was mir zugestoßen ist.

(Napoleon.) Nichts ist Ihnen zugestoßen, Mensch! Sie leben und sind nicht kampfunfähig. Wo sind die Papiere, die Ihnen anvertraut wurden?

(Leutnant.) Mir ist nichts zugestoßen—nichts? Oho! (Wirft sich in Positur, um Napoleon mit seinen Nachrichten zu überwältigen.) Er hat mir ewige Bruderschaft geschworen, war das nichts? Er hat gesagt, daß meine Augen ihn an die Augen seiner Schwester erinnerten—war das nichts? Er hat geweint—wirkliche Tränen—über die Geschichte meiner Trennung von Angelica—war das nichts?! Er hat beide Flaschen Wein bezahlt, obwohl er selbst nur Brot und Trauben gegessen hatte—vielleicht nennen Sie das auch nichts! Er hat mir seine Pistolen und sein Pferd und seine Depeschen gegeben—äußerst wichtige Depeschen—und hat mich damit fortgehen lassen—(triumphierend, da er sieht, daß er Napoleon in sprachloses Erstaunen versetzt hat:) war das nichts?!

(Napoleon schwach vor Erstaunen:) Warum hat er das getan?

(Leutnant als ob der Grund ganz klar wäre:) Um mir sein Vertrauen zu beweisen. (Napoleons Kiefer fällt nicht gerade herunter, aber seine Gelenkbänder werden schlaff. Der Leutnant fährt mit ehrlicher Entrüstung fort:) Und ich habe sein Vertrauen auch verdient: ich habe ihm alles ehrlich zurückgegeben. Aber würden Sie es glauben, Herr General,—als ich ihm meine Pistolen und mein Pferd and meine Depeschen anvertraut hatte...

(Napoleon wütend:) Warum, zum Teufel, haben Sie das getan?

(Leutnant.) Warum?... Um ihm auch meinerseits mein Vertrauen zu beweisen, natürlich. Und er hat mich betrogen, ausgenützt, ist nicht wiedergekommen—der Dieb—der Schwindler—der herzlose, verräterische, kleine Schuft! Und das—das nennen Sie wahrscheinlich "nichts zugestoßen"! Aber sehen Sie, Herr General—(hält sich wieder mit der Faust am Tische, um mit größerer Emphase zu sprechen.) Sie mögen diesen Schimpf von den Österreichern hinnehmen, wenn Sie wollen; aber was mich persönlich anbelangt—ich sage Ihnen, wenn ich ihn jemals erwische—

(Napoleon wendet sich angewidert auf dem Absatz herum, um seine Wanderung wieder aufzunehmen:) Ja, ja, das haben Sie schon oft genug gesagt.

(Leutnant äußerst erregt:) Oft genug?... Ich werde es hundertmal sagen—und mehr als das: ich werde es tun! Ich werde ihm mein Vertrauen zeigen—das werde ich! Ich werde—-

(Napoleon.) Ja, ja, Herr Leutnant—gewiß werden Sie das. Was für eine Art Mensch war er?

(Leutnant.) Nun, ich glaube, nach seinem Benehmen sollten Sie schließen können, was für eine Art Mensch das war.

(Napoleon.) Pah—Wie sah er aus?

(Leutnant.) Ausgesehen... Er sah aus wie... nun... Sie hätten den Burschen bloß mal sehen müssen, dann würden Sie einen Begriff davon haben, wie er aussieht. Fünf Minuten, nachdem ich ihn erwischt habe, wird er nicht mehr so aussehen. Ich wiederhole Ihnen: wenn ich ihn jemals—

(Napoleon ruft wütend nach dem Wirt:) Giuseppe! (Zum Leutnant, am Ende seiner Geduld:) Halten Sie jetzt Ihren Mund, wenn Sie können!

(Leutnant.) Ich mache Sie im voraus darauf aufmerksam, daß es umsonst ist, zu versuchen, mir die Schuld aufzuhalsen. (Klagend:) Wie hätte ich wissen sollen, was für eine Art Mensch das ist. (Er nimmt einen Sessel, der zwischen der äußeren Tür und dem Büfett steht, stellt ihn an den Tisch und setzt sich.) Wenn Sie eine Ahnung hätten, wie hungrig und müde ich bin, würden Sie mehr Rücksicht nehmen.

(Giuseppe zurückkommend:) Was befehlen Exzellenz?

(Napoleon mit seinem Temperament kämpfend:) Nimm diesen... diesen Offizier; gib' ihm zu essen; wenn nötig, bring ihn zu Bett; und wenn er dann wieder bei Trost ist, trachte herauszubringen, was ihm passiert ist, und laß mich es wissen. (Zum Leutnant.) Betrachten Sie sich als Arrestanten, Herr Leutnant.—

(Leutnant ärgerlich mit Steifheit:) Darauf war ich vorbereitet. Nur ein Edelmann kann einen Edelmann verstehen. (Er wirft seinen Degen auf den Tisch, Giuseppe nimmt ihn und bietet ihn Napoleon höflich an, der ihn heftig auf das Sofa wirft.)

(Giuseppe mit Teilnahme:) Sind Sie von den Österreichern überfallen worden, Herr Leutnant? O weh, o weh!

(Leutnant verachtungsvoll:) Überfallen! Ich hätte sein Rückgrat zwischen meinem Zeigefinger und Daumen zerbrechen können! Wenn ich es nur getan hätte! Nein! ich bin hineingefallen, weil er an die bessere Seite meiner Natur appelliert hat—und darüber kann ich nicht hinwegkommen! Er sagte, daß ihm noch nie ein Mensch so gefallen hätte wie ich, er schlang sein Taschentuch um meinen Nacken, weil mich eine Mücke gestochen hatte und mein Kragen mich wund rieb—sehen Sie! (Er zieht ein Taschentuch unter seinem Kragen bervor; Giuseppe nimmt und untersucht es.)

(Giuseppe zu Napoleon:) Das Taschentuch einer Dame, Exzellenz! (Er riecht daran:) Parfümiert!

(Napoleon.) Wie? (Er nimmt es und betrachtet es aufmerksam:) Hm! (Er riecht daran:) Ha! (Er geht, das Taschentuch betrachtend, nachdenklich durch das Zimmer und steckt es schließlich in seine Brusttasche.)

(Leutnant.) Jedenfalls paßt es zu ihm. Ich bemerkte, daß er Weiberhände hatte, als er mein Genick berührte in seiner schmeichlerisch tändelnden Art—dieser gemeine, weibische, kleine Hund! (Leiser, aber mit schauerlicher Heftigkeit:) Aber glauben Sie meinen Worten, Herr General: wenn ich ihn jemals—-

(Die Stimme einer Dame draußen wie zuvor:) Giuseppe!

(Leutnant erstarrt:) Was war das?

(Giuseppe.) Nur eine Dame über uns, Herr Leutnant, die mich ruft.

(Leutnant.) Eine Dame!

(Stimme.) Giuseppe! Giuseppe! wo bleiben Sie!?

(Leutnant mordlustig:) Wo ist mein Degen? (Er stürzt an das Sofa, ergreift seinen Degen und zieht ihn.)

(Giuseppe springt vor und faßt seinen rechten Arm:) Was fällt Ihnen denn ein, Herr Leutnant! Es ist eine Dame: hören Sie nicht, daß es eine weibliche Stimme ist?

(Leutnant.) Ich sage Ihnen, daß es seine Stimme ist—lassen Sie mich los! (Er stürzt fort und will zur inneren Türe; da öffnet sich diese vor seiner Nase, und die fremde Dame tritt ein. Sie ist eine sehr anziehende Erscheinung, groß und ungewöhnlich graziös, mit einem zart intelligenten, empfindsamen, fragenden Gesicht. Auffassungskraft liegt auf ihrer Stirn, Empfindlichkeit in ihren Nasenflügeln, Charakter in ihrem Kinn: im ganzen sieht sie scharfsinnig, vornehm und originell aus. Sie ist sehr weiblich, aber durchaus nicht schwach. Die geschmeidige, schlanke Gestalt ist kräftig gebaut, die Hände und Füße, Hals und Schultern sind keine zerbrechlichen Schmuckstücke, sondern stehen im richtigen Größenverhältnis zu der ganzen Gestalt, die die Napoleons und des Wirtes beträchtlich überragt und der des Leutnants vollkommen gleichkommt; ihre Eleganz und ihr strahlender Reiz verdecken indessen ihre Größe und Kraft. Nach ihrem Kleide zu schließen, ist sie keine Bewunderin der neuesten Mode des Direktoriums, oder sie verträgt vielleicht auf der Reise ihre alten Kleider, jedenfalls trägt sie keine Jacke mit auffallenden Aufschlägen, kein nachgemacht griechisches Unterkleid à la Madame Tallien,—nichts, wahrhaftig nichts, das die Prinzessin von Lamballe nicht hätte tragen können. Ihr Kleid von geblümter Seide mit langer Taille ist am Rücken mit einer Watteaufalte versehen, aber die Puffen sind, da sie für diese zu groß ist, zu bloßen Rudimenten verkürzt. Es ist im Nacken ein wenig ausgeschnitten und dort mit einem cremefarbenen Fichu geschmückt. Sie ist von heller Hautfarbe und hat goldbraune Haare und graue Augen. Sie tritt mit der Selbstsicherheit einer Frau ein, die an die Vorrechte von Rang und Schönheit gewöhnt ist. Der Wirt, der von Natur sehr gute Manieren hat, ist von ihr höchst eingenommen. Napoleon, auf den ihre Augen zuerst fallen, wird sofort verlegen. Sein Gesicht rötet sich, er wird steifer und fühlt sich unsicherer als zuvor. Sie bemerkt dies augenblicklich, und, um ihn nicht in Verlegenheit zu bringen, wendet sie sich mit einer unendlich wohlerzogenen Art—um auch ihm die Ehre eines Blickes zu gewähren—zu dem andern Herrn, der mit Gefühlen, die ganz unaussprechlich und unbeschreiblich sind, auf ihr Kleid starrt, als ob es der Erde erstes Meisterwerk an Verräterei und Verstellung wäre. Als sie ihn erkennt, wird sie totenblaß; ihr Ausdruck kann nicht mißverstanden werden. Die Erkenntnis irgendeines schrecklichen, gänzlich unerwarteten Irrtums hat sie jäh erschreckt, inmitten ihrer ruhigen Sicherheit und Siegesgewißheit. Im nächsten Augenblick steigt eine Blutwelle unter dem cremefarbenen Fichu auf und ergießt sich über ihr ganzes Gesicht. Man sieht, daß sie am ganzen Leibe errötet. Selbst der Leutnant, der für gewöhnlich ganz unfähig ist, zu beobachten, und eben im Aufruhr seiner Wut ganz den Kopf verloren hat, kann etwas bemerken, wenn man es ihm rot anstreicht. Da er das Erröten als das unfreiwillige Eingeständnis schwarzer, mit ihrem Opfer konfrontierter Verräterei auslegt, zeigt er mit einem lauten Schrei vergeltenden Triumphes auf sie—dann ergreift er die Dame am Handgelenk, zieht sie hinter sich her in das Zimmer, schlägt die Türe zu und pflanzt sich mit dem Rücken davor auf.)

(Leutnant.) Habe ich dich erwischt, Bursche! Du hast dich also verkleidet—was? (Mit Donnerstimme:) Zieh diesen Rock aus!

(Giuseppe Verwahrung einlegend:) Aber, Herr Leutnant!

(Dame erschrocken, aber höchst entrüstet, daß er es gewagt hat, sie anzurühren:) Meine Herren, ich wende mich an Sie! Giuseppe! (Macht eine Bewegung, als ob sie zu Giuseppe laufen wollte.)

(Leutnant stellt sich dazwischen, den Degen in der Faust:) Nicht von der Stelle!

(Dame zu Napoleon flüchtend:) O Herr, Sie sind Offizier—General—Sie werden mich beschützen—nicht wahr?

(Leutnant.) Kümmern Sie sich nicht um ihn, Herr General. Überlassen Sie ihn mir.

(Napoleon.) Ihn? Wen, Mensch? Warum behandeln Sie diese Dame in solcher Weise?

(Leutnant.) Dame?… Er ist ein Mann—der Mann, dem ich mein Vertrauen geschenkt habe! (Geht drohend vor:) Hierher—du—

(Dame läuft hinter Napoleon und umklammert in ihrer Aufregung seinen Arm, den er instinktiv vor ihr ausstreckt, um sie zu schützen:) Oh, ich danke Ihnen, Herr General! Halten Sie ihn fern!

(Napoleon.) Unsinn! Das ist ganz bestimmt eine Frau! (Sie läßt seinen Arm plötzlich los und errötet wieder:) Und Sie sind im Arrest! Legen Sie augenblicklich Ihren Degen nieder, Herr Leutnant!

(Leutnant.) Herr General, ich sage Ihnen, er ist ein österreichischer Spion! Heute nachmittag hat er sich mir gegenüber aufgespielt, als gehörte er zum Stabe General Massenas—und nun spielt er sich Ihnen gegenüber als Frau auf. Darf ich meinen eigenen Augen glauben oder nicht?

(Dame.) Herr General—das muß mein Bruder gewesen sein—der ist beim Stabe General Massenas und sieht mir sehr ähnlich.

(Leutnant den Verstand verlierend:) Wollen Sie damit sagen, daß Sie nicht Ihr Bruder, sondern Ihre Schwester sind… die Schwester, die mir so ähnlich sieht… die meine schönen blauen Augen hat? Es war eine Lüge,—Ihre Augen sind nicht wie die meinen—sie sind genau wie Ihre eigenen! Welche Perfidie!

(Napoleon.) Herr Leutnant, wollen Sie meinen Befehlen gehorchen und dieses Zimmer verlassen, da Sie endlich überzeugt sind, daß diese Dame kein Mann ist?

(Leutnant.) Kein Mann, das will ich meinen! Ein Mann würde mein Vertrauen nie so getäuscht haben—

(Napoleon am Ende seiner Geduld:) Genug, Mensch, genug! Verlassen Sie dieses Zimmer! Ich befehle Ihnen, dieses Zimmer zu verlassen!

(Dame.) O, bitte, ich will lieber gehen.

(Napoleon trocken:) Entschuldigen Sie, Madame—bei aller Achtung vor Ihrem Bruder, begreife ich doch nicht, was für ein Interesse ein Offizier aus dem Stabe General Massenas an meinen Briefen haben kann. Ich habe einige Fragen an Sie zu richten.

(Giuseppe diskret:) Kommen Sie, Herr Leutnant. (Er öffnet die Türe.)

(Leutnant.) Ich gehe, Herr General—aber lassen Sie sich warnen. Hüten Sie sich vor der besseren Seite Ihrer Natur. (Zur Dame:) Madame, Sie entschuldigen, ich hielt Sie für dieselbe Person, nur von entgegengesetztem Geschlecht—und das hat mich natürlich irregeführt.

(Dame süß:) Es war doch nicht Ihre Schuld! Ich freue mich, daß Sie mir nicht länger böse sind, Herr Leutnant. (Sie reicht ihm die Hand.)

(Leutnant beugt sich galant, um die Hand zu küssen:) Oh, meine Gnädige, nicht im gering… (fährt zurück und starrt auf ihre Hand:) Sie haben die Hand Ihres Bruders und denselben Ring wie er.

(Dame freundlich:) Wir sind Zwillinge.

(Leutnant.) Das erklärt alles. (Er küßt ihre Hand:) Bitte tausendmal um Verzeihung. Um die Depeschen war mir's gar nicht so zu tun—das ist mehr Sache des Generals—aber es war der Mißbrauch meines Vertrauens, der besseren Seite meiner Natur. (Er nimmt seine Mütze, Handschuhe und Peitsche vom Tisch und sagt gehend:) Ich hoffe, Sie entschuldigen, daß ich Sie verlasse, Herr General—ich bedaure unendlich. (Er schwätzt sich aus dem Zimmer hinaus. Giuseppe folgt ihm und schließt die Tür.)

(Napoleon sieht ihnen mit heftiger Erregung nach:) Idiot!

(Dame lächelt liebenswürdig. Er geht stirnrunzelnd zwischen dem Tisch und dem Kamin auf und ab; jetzt, wo er allein mit ihr ist, ist alle seine Verlegenheit geschwunden:) Wie kann ich Ihnen für Ihren Schutz danken, Herr General?

(Napoleon wendet sich plötzlich zu ihr um:) Meine Depeschen! schnell! (Er streckt die Hand danach aus.)

(Dame.) Herr General! (Unwillkürlich greift sie mit den Händen nach dem Fichu, als wolle sie dort etwas beschützen.)

(Napoleon.) Sie haben sie diesem Dummkopf abgeschwindelt! Sie haben sich als Mann verkleidet! Ich will meine Depeschen haben; sie sind da in den Brustfalten Ihres Kleides—unter Ihren Händen…

(Dame zieht ihre Hände rasch weg:) Oh, wie unliebenswürdig Sie mit mir sprechen! (Sie zieht ihr Taschentuch aus dem Fichu:) Sie ängstigen mich! (Sie berührt ihre Augen, als wollte sie eine Träne wegwischen.)

(Napoleon.) Ich sehe, daß Sie mich nicht kennen, Madame—oder Sie würden sich die Mühe ersparen, so zu tun, als ob Sie weinten.

(Dame tut so, als ob sie zwischen Tränen lächeln wollte:) Doch, ich kenne Sie—Sie sind der berühmte General Buonaparte. (Sie gibt dem Namen eine deutlich italienische Aussprache: Buo-na-par-te.)

(Napoleon ärgerlich, mit französischer Aussprache:) Bonaparte, Madame, —Bonaparte!… Die Papiere, wenn's gefällig ist!

(Dame.) Aber ich versichere Ihnen—(Er reißt ihr das Taschentuch heftig aus der Hand:) Herr General! (Entrüstet.)

(Napoleon nimmt das andere Taschentuch aus seiner Brusttasche:) Sie waren so liebenswürdig, meinem Leutnant eines Ihrer Taschentücher zu leihen, als Sie ihn beraubten. (Er betrachtet die beiden Taschentücher.) Sie sind einander vollständig gleich. (Er riecht daran:) Derselbe Duft! (Er wirft beide auf den Tisch.) Ich warte auf die Depeschen! Ich werde sie Ihnen, wenn Sie mich dazu zwingen, mit ebenso wenig Umständen wegnehmen, wie dieses Taschentuch. (Das duftende Taschentuch taucht achtzig Jahre später in Victorien Sardous Drama "Dora" wieder auf.)

(Dame mit würdevollem Vorwurf:) Herr General, bedrohen Sie wehrlose Frauen?

(Napoleon grob:) Ja!

(Dame verblüfft, sucht Zeit zu gewinnen:) Aber ich begreife nicht—ich …

(Napoleon.) Sie begreifen sehr gut. Sie sind hierhergekommen, weil Ihre österreichischen Auftraggeber darauf gerechnet haben, daß ich sechs Meilen weit von hier entfernt sei. Ich bin immer dort zu finden, wo meine Feinde mich nicht erwarten. Sie sind in die Höhle des Löwen geraten. Gehen Sie, Sie sind eine tapfere Frau—seien Sie auch eine vernünftige—ich habe keine Zeit zu verlieren—die Papiere! (Er geht drohend einen Schritt vor.)

(Dame bricht in kindischer, ohnmächtiger Wut zusammen und wirft sich in Tränen auf den Stuhl, der vom Leutnant neben dem Tisch stehen gelassen wurde:) Ich—und tapfer! Wie wenig Sie mich kennen. Ich habe den Tag in Todesfurcht verbracht! Ich bekomme Brustschmerzen vor Herzklopfen bei jedem argwöhnischen Blick und jeder drohenden Bewegung. Halten Sie jeden Menschen für so tapfer, wie Sie es sind? Oh, warum vollbringt ihr tapferen Männer nicht die tapferen Taten? Warum überlaßt ihr sie uns, die wir gar keinen Mut haben? Ich bin nicht tapfer—ich schrecke vor Gewalt zurück—die Gefahr macht mich elend.

(Napoleon mit Interesse:) Warum haben Sie sich dann in Gefahr begeben?

(Dame.) Weil es keinen andern Ausweg gab—ich konnte niemandem vertrauen. Und nun ist alles umsonst gewesen—alles, Ihretwegen, der keine Furcht kennt, weil er kein Herz hat, kein Gefühl, kein… (Sie hält inne und wirft sich auf die Knie.) Oh, Herr General, lassen Sie mich gehn! Lassen Sie mich gehn, ohne weitere Fragen an mich zu stellen—Sie sollen Ihre Depeschen und Briefe haben—ich schwöre es!

(Napoleon seine Hand ausstreckend:) Ja—ich warte darauf. (Sie schnappt nach Luft. Von seiner unbarmherzigen Schlagfertigkeit zur Verzweiflung gebracht, gibt sie es auf, ihn durch Schmeicheleien und ihr Gerede zu rühren, aber wie sie starr zu ibm aufblickt, sieht man klar, daß sie ihr Gehirn zermartert, einen Ausweg zu finden und ihn zu überlisten. Er begegnet ihrem Blick mit unbeugsamer Entschlossenheit.)

(Dame erhebt sich endlich mit einem stillen kleinen Seufzer:) Ich will sie Ihnen holen, sie sind in meinem Zimmer. (Sie wendet sich zur Türe.)

(Napoleon.) Ich werde Sie begleiten, Madame.

(Dame richtet sich mit einer edlen Gebärde beleidigten Zartgefühls auf:) Ich kann Ihnen nicht gestatten, mein Zimmer zu betreten, Herr General.

(Napoleon.) Dann werden Sie hierbleiben, Madame, während ich Ihr Zimmer nach meinen Papieren durchsuchen lasse.

(Dame boshaft, ihren Plan offenbar aufgebend:) Sie können sich die Mühe ersparen: sie sind nicht dort.

(Napoleon.) Nein. Ich habe Ihnen schon gesagt, wo sie sind. (Zeigt auf ihre Brust.)

(Dame mit niedlicher Kläglichkeit:) Herr General, ich möchte nur einen kleinen Privatbrief behalten, nur einen einzigen—lassen Sie mir wenigstens den!

(Napoleon kalt und finster:) Ist das eine vernünftige Bitte, Madame?

(Dame weil er nicht kurzweg abschlägt, ermutigt:) Nein—aber gerade deshalb müssen Sie mir sie bewilligen. Sind Ihre eigenen Wünsche vernünftig? Sie verlangen Tausende von Menschenleben für Ihre Siege, Ihren Ehrgeiz, Ihr Schicksal… und was ich verlange, ist eine solche Kleinigkeit! Und ich bin nur ein schwaches Weib, und Sie sind ein tapferer Mann. (Sie sieht ihn mit Augen voll zarter Bitte an und ist im Begriff, ihm wieder zu Füßen zu fallen.)

(Napoleon heftig:) Lassen Sie das, lassen Sie das! (Er wendet sich ärgerlich ab und durchkreuzt das Zimmer, hält einen Augenblick inne und sagt über seine Schulter hinweg:) Sie sprechen Unsinn und Sie wissen es. (Sie erhebt sich und setzt sich, in beinahe teilnahmsloser Verzweiflung, auf das Sofa. Als er sich umwendet und sie dort erblickt, fühlt er, daß sein Sieg vollständig ist und daß er sich jetzt zu einem kleinen Spiel mit seinem Opfer herbeilassen kann. Er kommt zurück und setzt sich neben sie. Sie sieht geängstigt auf und rückt ein wenig fort von ihm, aber ein Strahl wiederkehrender Hoffnung erglänzt in ihren Augen. Er beginnt wie einer, der sich über einen heimlichen Scherz freut:) Woher wissen Sie, daß ich tapfer bin?

(Dame erstaunt:) Sie! General Buonaparte! (Italienische Aussprache.)

(Napoleon.) Ja, ich—General Bonaparte! (Die französische Aussprache betonend.)

(Dame.) Oh, wie können Sie nur so fragen—Sie, der erst vor zwei Tagen an der Brücke bei Lodi stand, um ein Kanonenduell über den Fluß hinweg auszufechten, während der Tod durch die Lüfte sauste! (Schaudernd:) Oh, Sie vollbringen Heldentaten!

(Napoleon.) So wie Sie.

(Dame.) Ich? (Mit einem plötzlichen seltsamen Gedanken:) Oh, Sie sind also ein Feigling?

(Napoleon lacht grimmig und schlägt auf seine Knie:) Das ist die einzige Frage, die Sie an einen Soldaten nie stellen dürfen. Der Feldwebel fragt den Rekruten nach seiner Länge, seinem Alter, seinem Atem, seinen Knochen—aber niemals nach seinem Mut. (Er steht auf und geht, in sich hineinkichernd, mit den Händen auf dem Rücken und vorgeneigtem Kopf, auf und ab.)

(Dame als ob sie nichts Lächerliches dabei finden könnte:) Ah, Sie können sich über die Furcht lustig machen… dann wissen Sie nicht, was Furcht ist.

(Napoleon hinter das Sofa tretend:) Sagen Sie mir eines: Nehmen Sie an, daß Sie diesen Brief nur hätten bekommen können, wenn Sie vorgestern über die Brücke bei Lodi zu mir gekommen wären,—nehmen Sie an, daß Sie keinen andern Weg gehabt hätten und daß dies ein sicherer Weg war—vorausgesetzt, daß die Kanonenkugeln Sie verschonten. (Sie schaudert und bedeckt ihre Augen einen Moment mit den Händen.) Würden Sie Angst gehabt haben?

(Dame.) Oh, fürchterliche Angst! tödliche Angst! (Sie preßt ihre Hände aufs Herz.) Die bloße Vorstellung schmerzt schon!

(Napoleon unbeugsam:) Würden Sie wegen der Depeschen gekommen sein?

(Dame überwältigt von dieser entsetzlichen Vorstellung:) Fragen Sie mich nicht! Ich hätte kommen müssen!

(Napoleon.) Warum?

(Dame.) Weil ich gezwungen gewesen wäre. Weil es keinen andern Ausweg gegeben hätte!

(Napoleon mit Überzeugung:) Weil es Sie nach diesem Brief so sehr verlangt hätte, daß Sie, um ihn zu erlangen, jede Angst würden ertragen haben. Es gibt nur einen Trieb, der allgemein ist: die Furcht. Von all den tausend Eigenschaften, die ein Mann haben mag, ist die einzige, die Sie sowohl beim jüngsten Tambour als auch bei mir finden werden, die Furcht. Sie ist es, die die Menschen in den Kampf treibt: Gleichgültigkeit macht, daß sie davonlaufen. Furcht ist die Haupttriebfeder des Krieges—Furcht!—Ich kenne die Furcht wohl, besser als Sie, besser als irgend ein Weib. Ich sah einst, wie ein Regiment guter Schweizer Soldaten vom Pariser Mob massakriert wurde, weil ich mich fürchtete einzugreifen. Ich fühlte mich als Feigling bis in die Fußspitzen, als ich dabei zusah. Vor sieben Monaten rächte ich meine Feigheit, indem ich diesen Mob mit Kanonenkugeln zu Tode knallte. Nun—was ist dabei? Hat die Furcht jemals einen Mann von irgend etwas, das er wirklich wollte, zurückgehalten, oder auch nur eine Frau? Niemals!—Kommen Sie mit mir, und ich will Ihnen zwanzigtausend Feiglinge zeigen, die jeden Tag dem Tod ins Auge schauen um den Preis eines Glases Branntwein. Und glauben Sie, daß es keine Frauen in der Armee gibt, die tapferer sind als die Männer, weil ihr Leben weniger wert ist? Pah, ich halte gar nichts—weder von Ihrer Furcht noch von Ihrem Mut. Wenn Sie bei Lodi zu mir hätten kommen müssen, Sie würden keine Furcht gehabt haben: einmal auf der Brücke wäre vor der Notwendigkeit jedes andere Gefühl geschwunden— vor der Notwendigkeit, Ihren Weg an meine Seite zu finden, um zu bekommen, was Sie haben wollten. Und nun nehmen Sie an, daß Sie davongekommen wären mit jenem Brief in Ihrer Hand und um die Erfahrung reicher, daß in der Stunde der Not Ihre Furcht Ihnen nicht das Herz zusammenschnürte, sondern die Ausführung Ihres Planes unterstützte, daß sie aufgehört hätte, "Furcht" zu sein, und sich in Stärke, Scharfsinn, verdoppelte Aufmerksamkeit und eiserne Entschlossenheit verwandelt hätte,—wie würden Sie dann antworten, wenn Sie gefragt würden, ob Sie ein Feigling sind?

(Dame sich erhebend:) Ah, Sie sind ein Held—ein wirklicher Held!

(Napoleon.) Pah! wirkliche Helden gibt es nicht. (Er schlendert durch das Zimmer, ihren Enthusiasmus leicht nehmend, aber durchaus nicht unzufrieden mit sich, ihn hervorgerufen zu haben.)

(Dame.) O ja—es gibt welche. Es ist ein Unterschied zwischen dem, was Sie meinen Mut nennen, und dem Ihrigen. Sie wollten die Schlacht bei Lodi für niemand andern, als für sich selbst gewinnen—nicht wahr?

(Napoleon.) Selbstverständlich! (Sich plötzlich besinnend:) Halt—nein! (Er rafft sich ehrfürchtig zusammen und sagt wie ein Mann, der einen frommen Dienst verrichtet:) Ich bin nur ein Diener der französischen Republik. Ich folge demütig den Fußtapfen der Helden des klassischen Altertums. Ich gewinne Schlachten für die Menschheit—für mein Vaterland—nicht für mich!

(Dame enttäuscht:) Oh, dann sind Sie doch auch nur ein weibischer Held. (Sie setzt sich wieder, den Ellbogen auf die Lehne des Sofas, die Wange in die Hand gestützt; alle ihre Begeisterung ist gewichen.)

(Napoleon höchst erstaunt:) Weibisch?!

(Dame teilnahmslos:) Ja, wie ich. (Mit tiefer Melancholie:) Glauben Sie, wenn ich jene Depeschen nur für mich brauchte, daß ich mich dann ihretwegen in eine Schlacht wagen würde? Nein! wenn das alles wäre, würde ich nicht einmal den Mut finden, Sie in Ihrem Hotel aufzusuchen. Mein Mut ist bloß Sklaverei. Ich weiß damit für meine eigenen Zwecke nichts anzufangen. Nur aus Liebe, aus Mitleid, aus dem Instinkt heraus, einen andern zu retten und zu beschützen, kann ich Dinge tun, die mich entsetzen.

(Napoleon verachtungsvoll:) Pah! (Er wendet sich geringschätzig von ihr fort.)

(Dame.) Aha! nun begreifen Sie, daß ich nicht wirklich mutig bin. (Fällt wieder in ärgerliche Teilnahmslosigkeit zurück.) Aber was für ein Recht haben Sie, mich zu verachten, wenn Sie Ihre Schlachten auch nur für andere gewinnen? Für Ihr Land, aus Patriotismus—das ist es, was ich weibisch nenne: das ist der echte Franzose.

(Napoleon wütend:) Ich bin kein Franzose!

(Dame unschuldig:) Ich glaubte zu hören, daß Sie sagten, Sie hätten die Schlacht bei Lodi für Ihr Land gewonnen, General Bu… soll ich es französisch oder italienisch aussprechen?

(Napoleon.) Sie verlassen sich auf meine Geduld, Madame. Ich wurde als französischer Untertan geboren, aber nicht in Frankreich.

(Dame kreuzt ihre Arme am Rande des Sofas und stützt sich darauf mit einem deutlich aufflammenden Interesse:) Ich glaube, Sie sind überhaupt nicht als Untertan geboren.

(Napoleon hocherfreut, beginnt einen neuen Spaziergang:) Sieh da! Das meinen Sie also?

(Dame.) Ich bin davon durchdrungen!

(Napoleon.) Nun, nun, Sie mögen vielleicht recht haben. (Die Selbstgefälligkeit seiner Beipflichtung fällt ihm selbst auf. Er hält errötend inne und begibt sich in eine feierliche, den Helden des klassischen Altertums nachgeahmte Pose und nimmt einen höchst moralischen Ton an.) Aber wir dürfen niemals ausschließlich für uns leben, liebes Kind. Vergessen Sie nie, daß wir immer an andere denken sollen, für andere arbeiten, sie zu ihrem Besten lenken und regieren. Selbstaufopferung ist die Grundlage aller echten Charaktergröße.

(Dame gibt mit einem Seufzer ihre Stellung wieder auf:) Daran sieht man leicht, daß Sie sie selbst nie versucht haben, Herr General.

(Napoleon entrüstet, vergißt alles über Brutus und Scipio:) Was wollen Sie mit diesen Worten sagen, Madame?

(Dame.) Haben Sie nicht beobachtet, daß die Menschen den Wert der Dinge, die sie nicht besitzen, immer überschätzen? Die Armen glauben, daß sie nichts als Reichtümer brauchten, um vollkommen glücklich und gut zu sein. Jedermann betet Wahrheit, Reinheit, Selbstlosigkeit aus demselben Grunde an,—weil er auf diesen Gebieten keine Erfahrung hat. Oh, wenn Sie nur wüßten!

(Napoleon mit ärgerlichem Hohn:) Wenn Sie nur wüßten—? Ich bitte Sie, haben (Sie) vielleicht Erfahrung darin?

(Dame läßt die Arme fallen und faltet die Hände über den Knien, gerade vor sich hinblickend:) Ja, ich hatte das Unglück, gut auf die Welt zu kommen. (Einen Augenblick zu ihm aufschauend:) Und ich kann Ihnen versichern, es (ist) ein Unglück, Herr General. Ich bin wirklich wahrheitsliebend und selbstlos und alles, was dazu gehört, aber das ist nichts als Feigheit, Mangel an Charakter, Mangel an dem Mut, wirklich mit aller Kraft und unbedingt sich selbst treu zu sein.

(Napoleon.) Ha! (Wendet sich rasch zu ihr um, mit einem Aufleuchten starken Interesses:)

(Dame ernst, mit wachsendem Enthusiasmus:) Was ist das Geheimnis Ihrer Macht? Nur, daß Sie an sich selbst glauben. Sie können nur für sich kämpfen und siegen—für niemand sonst. Sie haben keine Angst vor Ihrem eigenen Schicksal, Sie zeigen uns, was wir (alle) erreichen könnten, wenn wir den Willen und den Mut dazu hätten, und das (plötzlich vor ihm auf die Knie fallend:) ist der Grund, warum wir Sie alle anzubeten beginnen. (Sie küßt seine Hände.)

(Napoleon in Verlegenheit:) Aber—aber—bitte, erheben Sie sich, Madame!

(Dame.) Weisen Sie meine Huldigung nicht zurück. Sie haben ein Recht darauf—Sie werden einst als Kaiser über Frankreich herrschen——

(Napoleon rasch:) Nehmen Sie sich in acht, das ist Hochverrat!

(Dame darauf bestehend:) Jawohl—als Kaiser über Frankreich—dann über Europa—vielleicht über die ganze Welt... Ich bin nur der erste Untertan, der Ihnen Treue schwört. (Küßt wieder seine Hand.) Mein Kaiser!

(Napoleon hebt sie überwältigt auf:) Ich bitte Sie—nein, nein, Kind, das ist Wahnsinn! Gehen Sie, beruhigen Sie sich! (Sie streichelnd:) So, so, liebes Kind!

(Dame mit Glückstränen kämpfend:) Ja, ich weiß, daß es unverschämt ist, Ihnen Dinge zu sagen, die Sie viel besser als ich wissen müssen. Aber Sie sind mir nicht böse—nicht wahr, nein?

(Napoleon.) Böse? Nein, nein, nicht im geringsten, nicht im geringsten! Gehen Sie, Sie sind eine sehr gescheite, vernünftige und interessante kleine Frau. (Er streichelt ihre Wangen:) Wollen wir Freunde sein?

(Dame hingerissen:) Ihre Freundin! Sie wollen mir gestatten, Ihre Freundin zu sein? Oh! (Sie reicht ihm ihre beiden Hände mit einem strahlenden Lächeln.) Sie sehen, ich beweise Ihnen mein Vertrauen.

(Napoleon mit einem Wutschrei und blitzenden Augen:) Was?!

(Dame.) Was ist geschehen?

(Napoleon.) Ihr Vertrauen! damit ich Ihnen dafür mein Vertrauen schenken und Ihnen gestatte, mir mit meinen Depeschen davonzugehen—was? Ah, Delila, Delila! Sie haben Ihre Künste an mir versucht, und ich war ein ebenso großer Einfaltspinsel wie mein Esel von einem Leutnant. (Er geht drohend auf sie los.) Geben Sie die Depeschen—schnell! Ich lasse jetzt nicht mehr mit mir spaßen!

(Dame um das Sofa herumfliehend:) Herr General—

(Napoleon.) Ich sage Ihnen—rasch! (Er geht rasch durch die Mitte des Zimmers und vertritt ihr den Weg, als sie sich gegen den Weingarten wenden will.)

(Dame bietet ihm die Stirne wie ein gehetztes Tier:) Wie können Sie es wagen, in diesem Tone mit mir zu sprechen?

(Napoleon.) Wagen?!

(Dame.) Ja—wagen! Wer sind Sie, daß Sie sich herausnehmen dürfen, mit mir auf so grobe Weise zu sprechen? Oh, der niedrig geborene, gemeine, korsische Abenteurer tritt sehr leicht bei Ihnen zutage.

(Napoleon außer sich:) Sie Teufelin, Sie—(Wild:) Zum letztenmal: Wollen Sie mir die Papiere geben oder soll ich sie Ihnen entreißen?—mit Gewalt! (Dame läßt die Hände sinken:) Ja, entreißen Sie sie mir—mit Gewalt! (Während er sie anstarrt wie ein sprungbereiter Tiger, kreuzt sie in Märtyrerstellung ihre Arme über der Brust. Diese Geste und Pose wecken augenblicklich Napoleons theatralischen Instinkt. Er vergißt seine Wut, um ihr zu zeigen, daß er ihr auch im Komödienspielen gewachsen ist. Er läßt sie einen Augenblick in Erwartung, dann hellt sich sein Gesicht plötzlich auf, er legt die Hände mit herausfordernder Kälte auf den Rücken, sieht an ihr ein paarmal hinauf und hinab, nimmt eine Prise Schnupftabak, wischt seine Finger sorgfältig ab und steckt sein Taschentuch ein. Ihre heroische Pose wird dadurch immer lächerlicher.)

(Napoleon endlich:) Nun?

(Dame verlegen, aber die Arme noch immer in Ergebung gekreuzt:) Nun, was wollen Sie beginnen?

(Napoleon.) Ihre Pose verderben!

(Dame.) Sie roher Patron! (Ihre Stellung aufgebend, geht sie an das Sofaende, wendet sich mit dem Rücken dagegen, lehnt sich an und steht ihm, mit den Händen auf dem Rücken, gegenüber.)

(Napoleon.) So ist's besser. Nun hören Sie mir zu. Sie gefallen mir—und was mehr ist, ich schätze Ihre Achtung.

(Dame.) Dann schätzen Sie, was Sie nicht besitzen.

(Napoleon.) Ich werde sie gleich besitzen. Hören Sie: gesetzt den Fall, ich würde mich von der Achtung, die ich Ihrem Geschlecht, Ihrer Schönheit, Ihrem Heldentum und allem übrigen schuldig bin, bestimmen lassen. Nehmen Sie an, daß ich, obwohl nichts als solch sentimentaler Kram zwischen diesen meinen Muskeln und jenen mir so wichtigen Papieren stünde, die Sie bei sich haben und die ich haben will and auch bekommen werde, nehmen Sie an, daß ich mit der Beute vor mir schwankend werden und mit leeren Händen mich hinwegschleichen würde, —oder, was noch ärger wäre, daß ich meine Schwäche zu verdecken suchte, indem ich den großen Helden spielte und Ihnen den Gewaltakt ersparte, den ich nicht anzuwenden wagte—würden Sie mich nicht aus der tiefsten Tiefe Ihrer weiblichen Seele verachten? Würde irgendeine Frau so dumm sein? Nun,—Bonaparte kann zeigen, daß er auch dieser Lage gewachsen ist und, wenn nötig, unmännlich handeln darf. Verstehen Sie mich? (Ohne ein Wort au sprechen, richtet sich die Dame auf und nimmt ein Paket mit Briefen aus den Brustfalten ihres Kleides. Einen Moment fühlt sie sich versucht, sie ihm ins Gesicht zu werfen, aber ihre gute Erziehung hält sie davon ab, ihrem Herzen auf gemeine Weise Luft zu machen. Sie überreicht sie ihm höflich und wendet bloß den Kopf dabei ab. Im Augenblick, als er sie nimmt, eilt sie nach der entgegengesetzten Seite des Zimmers, bedeckt ihr Gesicht mit den Händen und setzt sich, indem sie sich umwendet und das Gesicht der Stuhllehne zukehrt.)

(Napoleon sich an den Papieren weidend:) Ah, so ist's recht! (Bevor er sie öffnet, blickt er nach ihr hin und sagt:) Sie entschuldigen… (Er bemerkt, daß sie ihr Gesicht verdeckt hat.) Sehr böse auf mich—wie? (Er bindet das Paket auf, dessen Siegel schon erbrochen sind und legt es auf den Tisch, um seinen Inhalt zu untersuchen.)

(Dame ruhig, nimmt ihre Hände herab und zeigt, daß sie nicht weint, sondern bloß nachdenkt:) Nein, Sie hatten recht—aber Sie tun mir leid.

(Napoleon hält in der Tätigkeit, den obersten Brief aus dem Paket zu nehmen, inne:) Ich tue Ihnen leid—warum?

(Dame.) Ich werde sehen müssen, wie Sie Ihre Ehre verlieren.

(Napoleon.) Hm… ist das alles? (Er nimmt den Brief in die Hand.)

(Dame.) Und Ihr Glück.

(Napoleon.) Glück, meine Liebe, ist mir das langweiligste Ding von der Welt. Wäre ich, was ich bin, wenn ich mich um Glück scherte? Sonst noch etwas?

(Dame.) Nichts—(Er unterbricht sie mit einem Ausruf der Befriedignng; sie fährt ruhig fort:) als daß Sie eine sehr komische Figur in den Augen Frankreichs abgeben werden.

(Napoleon rasch:) Was?! (Die Hand, die den Brief hält, fällt unwillkürlich herab. Die Dame blickt ihn rätselhaft an und verharrt in ruhigem Schweigen. Er wirft den Brief hin und bricht in einen Strom von Schmähungen aus:) Was meinen Sie damit, wie? Beginnen Sie Ihre Kunststücke von neuem? Glauben Sie, daß ich nicht weiß, was diese Papiere enthalten?... Ich will es Ihnen sagen. Erstens die Verständigung über Beaulieus Rückzug... er hat ja nur die Wahl zwischen zwei Dingen, die er tun kann, dieser dickköpfige Idiot! Entweder sich in Mantua einschließen oder die Neutralität Venedigs durch die Einnahme von Peschiera verletzen. Sie sind einer von den Spionen des alten Idioten. Er hat entdeckt, daß er verraten wurde, und hat Sie ausgesandt, um diese Nachricht um jeden Preis zu vereiteln. Als wenn ihn das vor mir retten könnte, den alten Narren! Die andern Papiere enthalten nur meine gewöhnliche Pariser Korrespondenz, über die Sie nichts wissen.

(Dame rasch und geschäftsmäßig:) Herr General, lassen Sie uns ehrlich teilen: nehmen Sie die Nachrichten, die Ihnen Ihre Spione über die österreichische Armee gesandt haben, und geben Sie mir die Pariser Korrespondenz—das soll mir genügen.

(Napoleon ganz atemlos über die Ruhe, mit der sie diesen Vorschlag macht:) Ehrlich tei... (Er schnappt nach Luft.) Mir scheint, Madame, daß Sie meine Briefe als Ihr rechtmäßiges Eigentum betrachten, dessen ich Sie zu berauben versuche!

(Dame ernst:) Nein, bei meiner Ehre, ich verlange keinen Ihrer Briefe—nicht ein Wort, das von Ihnen oder an Sie geschrieben wurde. Dieses Paket enthält einen gestohlenen Brief: einen Brief, den eine Frau einem Manne geschrieben hat, einem Manne, der nicht ihr Gatte ist, —einen Brief, der Schande, Infamie bedeutet—

(Napoleon.) Einen Liebesbrief?

(Dame bitter-süß:) Was sonst als ein Liebesbrief könnte so viel Haß aufrühren?

(Napoleon.) Warum wurde er an mich gesandt? Um den Gatten in meine Gewalt zu geben—was?

(Dame.) Nein, nein—er kann Ihnen in keiner Weise nützlich sein. Ich schwöre Ihnen, daß es Sie nichts kosten wird, wenn Sie ihn mir geben. Er wurde Ihnen aus reiner Bosheit zugesandt—einzig und allein, um die Frau, die ihn geschrieben hat, zu kompromittieren.

(Napoleon.) Warum hat man ihn nicht ihrem Manne geschickt? Was soll ich damit?

(Dame vollkommen aus dem Text gebracht:) Oh! (Sie sinkt in den Stuhl zurück:) Ich... weiß es nicht. (Sie bricht zusammen.)

(Napoleon.) Aha! ich dacht' es gleich,—ein kleiner Roman, um die Papiere zurückzubekommen. (Er wirft das Paket auf den Tisch und tritt vor sie hin, in zynisch guter Laune,) Per Bacco, kleine Frau! ich kann nicht umhin, Sie zu bewundern! Wenn ich so zu lügen verstünde wie Sie, ich könnte, mir viele Mühe ersparen.

(Dame die Hände ringend:) Oh, wie ich wünschte, daß ich Ihnen wirklich bloß eine Lüge erzählt hätte! Dann würden Sie mir geglaubt haben! Das einzige, was niemand glauben will, ist die Wahrheit.

(Napoleon mit roher Vertraulichkeit, behandelt sie, als ob sie eine Marketenderin wäre:) Ausgezeichnet, ausgezeichnet! (Er legt seine Hände hinter sich auf den Tisch und setzt sich mit in die Seite gestemmten Armen und weit auseinander gestreckten Beinen auf den Tisch.) Gehen Sie! Ich bin ein echter Korse in meiner Vorliebe für Geschichten! Aber ich könnte sie besser erzählen als Sie, wenn ich mir's angelegen sein ließe. Wenn man Sie wieder einmal fragen sollte, warum man einen Brief, der eine Frau kompromittiert, nicht ihrem Gatten schicken soll, dann antworten Sie einfach: Weil ihn der Gatte nicht lesen würde.—Oder bilden Sie sich ein, Sie kleine Unschuld, daß ein Ehemann von der öffentlichen Meinung gezwungen werden will, eine Szene zu machen, ein Duell auszufechten, infolge eines Skandales seinen Haushalt aufzugeben, seine Karriere zu zerstören, wenn er all das verhindern kann, indem er sich hütet, etwas zu wissen?

(Dame empört:) Und wenn dieses Paket einen Brief über Ihre eigene Frau enthielte?

(Napoleon beleidigt, den Tisch verlassend:) Sie werden unverschämt, Madame!

(Dame demütig:) Verzeihen Sie mir—Cäsars Frau ist über jeden Argwohn erhaben.

(Napoleon mit wohlerwogener Überlegenheit:) Sie haben eine Indiskretion begangen—ich verzeihe Ihnen. In Zukunft erlauben Sie sich aber nicht, wirkliche Personen in Ihre Romane einzuführen.

(Dame höflich eine Rede überhörend, die ihr nur eine Vernachlässigung der guten Manieren bedeutet, erhebt sie sich, um an den Tisch zu gehen:) Herr General,—es ist wirklich der Brief einer Frau darunter. (Auf das Paket zeigend:) Geben Sie ihn mir.

(Napoleon grob und kurz, mit einer Bewegung, die verhindern soll, daß sie den Briefen zu nahe kommt:) Warum?

(Dame.) Er ist von einer alten Freundin, wir waren zusammen in der Schule; sie hat mir geschrieben und mich angefleht, zu verhindern, daß der Brief in Ihre Hände falle.

(Napoleon.) Warum wurde er mir geschickt?

(Dame.) Weil er den Direktor Barras kompromittiert.

(Napoleon die Stirne runzelnd, sichtlich erregt:) Barras? (Hochmütig:) Nehmen Sie sich in acht, Madame. Der Direktor Barras ist mein treuer, persönlicher Freund.

(Dame nickt gelassen:) Ja—Sie wurden durch Ihre Frau mit ihm befreundet.

(Napoleon.) Schon wieder! Habe ich Ihnen nicht verboten, von meiner Frau zu sprechen? (Sie fährt fort, ihn neugierig anzublicken, ohne diese Zurechtweisung zu beachten. Mehr und mehr erregt, läßt er seine hochmütige Art fallen, die ihm selbst etwas lästig wird, und sagt argwöhnisch, mit leiser Stimme:) Wer ist diese Frau, mit der Sie so tief sympathisieren?

(Dame.) Oh, Herr General, wie könnte ich Ihnen das sagen?!

(Napoleon übellaunig, beginnt er wieder ärgerlich verwundert auf und ab zu gehen:) Ja, ja—die eine hilft der andern—Ihr Weiber seid alle gleich!

(Dame entrüstet:) Wir sind nicht alle gleich—nicht mehr, als Ihr es seid! Glauben Sie, daß, wenn ich einen andern Mann liebte, ich vorgeben würde, meinen Mann weiter zu lieben, oder mich fürchten würde, ihm oder der ganzen Welt alles zu sagen? Aber diese Frau ist nicht aus solchem Stoff geschaffen—sie beherrscht die Männer, indem sie sie betrügt, und (verachtungsvoll:) sie lieben das und lassen sich von ihr beherrschen. (Sie setzt sich wieder nieder, mit dem Rücken gegen ihn.)

(Napoleon sich um sie nicht bekümmernd:) Barras! Barras! (Wendet sich drohend gegen sie, sein Gesicht verfinstert sich.) Nehmen Sie sich in acht! nehmen Sie sich in acht!—hören Sie! Sie könnten zu weit gehen!

(Dame wendet ihm unschuldig ihr Gesicht zu:) Was haben Sie?

(Napoleon.) Auf was spielen Sie an? Wer ist diese Frau?

(Dame begegnet seinem ärgerlich forschenden Blick mit ruhiger Gleichgültigkeit und bleibt, zu ihm aufsehend, mit übergeschlagenen Beinen sitzen und läßt den rechten Arm leicht auf der Lehne des Stuhles ruhen:) Ein eitles, dummes, verschwenderisches Geschöpf, das einen sehr fähigen und ehrgeizigen Mann hat, der sie durch und durch kennt—der weiß, daß sie ihn über ihr Alter, ihr Einkommen, ihre soziale Stellung, über alles, worüber dumme Frauen Lügen erzählen, belogen hat,—der weiß, daß sie unfähig ist, irgendeinem Prinzip oder irgendeinem Menschen treu zu sein, und doch nicht umhin kann, sie zu lieben,—dessen männlicher Instinkt ihm sogar erlaubt, sie zu benützen, um mit ihrer Hilfe bei Barras etwas zu erreichen.

(Napoleon mit einem leisen, kalt wilden Flüstern:) Das ist Ihre Rache, Sie Katze, weil Sie mir die Briefe herausgeben mußten!

(Dame.) Unsinn! Oder halten Sie sich selbst für so einen Menschen?

(Napoleon außer sich, schlingt die Hände auf dem Rücken ineinander, seine Finger zucken, und er sagt, während er aufgeregt von ihr fort zum Kamin geht:) Dieses Weib wird mich noch um den Verstand bringen! (Zu ihr:) Gehen Sie!

(Dame bleibt unbeweglich sitzen:) Nicht ohne jenen Brief.

(Napoleon.) Hinaus, sage ich Ihnen! (Er geht vom Kamin bis gegen den Weingarten und wieder zurück an den Tisch.) Sie werden keinen Brief bekommen—Sie gefallen mir nicht! Sie sind ein unausstehliches Frauenzimmer and häßlich wie der leibhaftige Satan! Ich lasse mich nicht von fremden Weibern belästigen! Machen Sie, daß Sie fortkommen! (Er wendet ihr den Rücken zu. Sie stützt ihre Wange in die Hand und lacht in stillem Vergnügen über ihn. Er wendet sich wieder um, ihr ärgerlich nachahmend:) Hahaha! Worüber lachen Sie?

(Dame.) Über Sie, Herr General. Ich habe schon oft Menschen Ihres Geschlechtes aufgebracht und sich wie Kinder benehmen sehen, aber ich habe das noch nie zuvor an einem wirklich großen Manne beobachtet.

(Napoleon brutal, ihr die Worte ins Gesicht schleudernd:) Pah! Schmeichelei! Schmeichelei! plumpe, unverschämte Schmeichelei!

(Dame springt mit jähem Erröten auf:) Oh, Sie gehen zu weit! Behalten Sie Ihre Briefe, lesen Sie darin die Geschichte Ihrer eigenen Schande, und möge sie Ihnen gut bekommen! Leben Sie wohl! (Sie geht entrüstet zur inneren Türe.)

(Napoleon.) Meine eigene—! Bleiben Sie! Kommen Sie zurück! Ich befehle Ihnen zu bleiben! (Sie mißachtet stolz seinen wilden befehlshaberischen Ton und setzt den Weg zur Tür fort. Er springt auf sie zu, faßt sie beim Handgelenk and zerrt sie zurück.) Jetzt werden Sie mir sagen, was Sie meinen… erklären Sie sich! Erklären Sie, sage ich Ihnen, sonst—! (Bedroht sie. Sie sieht ihn mit furchtlosem Trotz an.) Brr! Sie hartnäckiger Teufel, Sie! warum wollen Sie eine höfliche Frage nicht beantworten?

(Dame durch seine Heftigkeit tief verletzt:) Warum fragen Sie mich? Sie haben ja die Erklärung.

(Napoleon.) Wo?

(Dame zeigt auf den Tisch mit den Briefen:) Dort! Sie brauchen nur zu lesen. (Er nimmt das Paket auf, zögert, sieht sie argwöhnisch an und wirft es wieder hin.)

(Napoleon.) Sie scheinen die Sorge um die Ehre Ihrer alten Freundin vergessen zu haben?

(Dame.) Jetzt läuft sie keine Gefahr mehr: sie versteht ihren Mann nicht ganz.

(Napoleon.) Soll ich den Brief also lesen? (Er streckt seine Hand aus, als ob er das Paket wieder aufgreifen wollte, den Blick auf sie gerichtet.)

(Dame.) Ich sehe nicht, wie Sie jetzt noch vermeiden könnten, ihn zu lesen. (Er zieht seine Hand sofort zurück.) Oh, fürchten Sie sich nicht. Sie werden mancherlei interessante Dinge darin finden.

(Napoleon.) Zum Beispiel?

(Dame.) Zum Beispiel: ein Duell—mit Barras, eine häusliche Szene, einen aufgelösten Haushalt, einen öffentlichen Skandal, eine zerstörte Karriere—allerlei interessante Dinge—

(Napoleon.) Hm! (Er sieht sie an, nimmt das Paket und betrachtet es, spitzt die Lippen und wiegt es in der Hand, sieht sie dann wieder an, nimmt das Paket in seine linke Hand und stellt es hinter seinen Rücken; seine rechte Hand erhebt er, um sich am Hinterkopf zu kratzen, indem er sich umwendet und an die Schwelle des Weingartens geht, wo er einen Augenblick stehen bleibt und, in tiefe Gedanken versunken, nach den Weinreben blickt. Die Dame beobachtet ihn schweigend, mit einiger Geringschätzung. Plötzlich kommt er wieder zurück, voll Kraft und Entschlossenheit:) Ich will Ihre Bitte erfüllen, Madame. Ihr Mut und Ihre Entschlossenheit verdienen einen Erfolg. Nehmen Sie die Briefe, für die Sie so gut gekämpft haben, und erinnern Sie sich hinfort daran, daß Sie den niedrig geborenen, gemeinen, korsischen Abenteurer nach der gewonnenen Schlacht dem Besiegten gegenüber ebenso großmütig gefunden haben, wie er vorher im Angesichte des Feindes unerbittlich war. (Er bietet ihr das Paket an.)

(Dame ohne es zu nehmen, ihn hart anblickend:) Ich frage mich, was Sie wohl jetzt im Schilde führen. (Er wirft das Paket wütend auf den Boden.)

Aha! Mir scheint, diesmal habe ich eine Pose verdorben. (Sie macht ihm eine hübsche, spöttische Verbeugung.)

(Napoleon hebt die Briefe wieder auf:) Wollen Sie die Briefe nehmen und dann gehen? (Geht auf sie los und will sie ihr aufdrängen.)

(Dame um den Tisch herum entwischend:) Nein! ich will Ihre Briefe nicht.

(Napoleon.) Vor zehn Minuten wollte Ihnen nichts anderes genügen.

(Dame den Tisch sorgfältig zwischen ihm und sich haltend:) Vor zehn Minuten hatten Sie mich noch nicht über alles Ertragen beleidigt.

(Napoleon.) Dann… (seine Wut hinunterwürgend:) dann bitte ich Sie um Verzeihung.

(Dame kühl:) Ich danke. (Er bietet ihr mit erzwungener Höflichkeit das Paket über den Tisch an; sie tritt einen Schritt zurück, aus seinem Bereich, und sagt:) Aber wollen Sie denn nicht mehr wissen, ob die Österreicher in Mantua oder in Peschiera stehen?

(Napoleon.) Ich habe Ihnen schon gesagt, daß ich meine Feinde ohne die Mithilfe von Spionen zu besiegen weiß, Madame!

(Dame.) Und den Brief—wollen Sie den nicht lesen?

(Napoleon.) Sie haben gesagt, daß er nicht an mich adressiert ist—ich habe nicht die Gewohnheit, anderer Leute Briefe zu lesen. (Er bietet ihr das Paket abermals an.)

(Dame.) Wenn dem so ist, dann ist dagegen, daß Sie ihn behalten, gewiß nichts einzuwenden. Alles, was ich wollte, war: zu verhindern, daß Sie ihn lesen. (Heiter:) Guten Abend, Herr General! (Sie wendet sich kühl nach der inneren Türe.)

(Napoleon wirft das Paket ärgerlich auf das Sofa:) Himmel, gib mir Geduld! (Er pflanzt sich entschlossen vor der Tür auf und verstellt ihr so den Weg.) Fehlt Ihnen jeder Sinn für persönliche Gefahr, oder gehören Sie zu den Frauen, die es lieben, schwarz und blau geschlagen zu werden?

(Dame.) Ich danke schön, Herr General—das müßte zweifellos eine sehr reizvolle Sensation sein, aber ich verzichte lieber darauf. Ich will einfach nach Hause gehn, weiter nichts. Ich war arglistig genug, Ihre Depeschen zu stehlen, aber Sie haben sie zurückbekommen und haben mir verziehen, weil (seinen rhetorischen Tonfall liebenswürdig wiederholend:) Sie nach der gewonnenen Schlacht ebenso großmütig gegen den Besiegten sind, wie Sie vorher im Angesicht des Feindes unerbittlich waren. Wollen Sie mir nicht Lebewohl sagen? (Sie reicht ihm freundlich die Hand.)

(Napoleon das Entgegenkommen mit einer Gebärde maßloser Wut zurückweisend, öffnet die Tür und ruft wütend:) Giuseppe! (Lauter:) Giuseppe! (Er schlägt die Tür zu und kommt in die Mitte des Zimmers. Die Dame geht etwas gegen den Weingarten zu, um ihm auszuweichen.)

(Giuseppe erscheint an den Tür:) Exzellenz befehlen?

(Napoleon.) Wo ist der Narr?

(Giuseppe.) Der Herr Leutnant hat, wie Exzellenz befohlen haben, ein gutes Essen bekommen und erweist mir nun die Ehre, mit mir zu würfeln, um sich die Zeit zu vertreiben.

(Napoleon.) Schick' ihn her—bring ihn herein and komm mit ihm.

(Giuseppe läuft mit unentwegter Bereitwilligkeit hinaus. Napoleon wendet sich zu der Dame und sagt dabei barsch:) Ich muß Sie bitten, noch einige Augenblicke hierzubleiben, Madame. (Er geht zum Sofa. Sie schreitet vom Weingarten an der entgegengesetzten Seite des Zimmers an das Büfett, lehnt sich dagegen und beobachtet ihn. Er nimmt das Paket vom Sofa und knöpft es langsam und sorgfältig in seine Brusttasche, während er sie dabei mit einem Ausdruck betrachtet, der besagen soll, daß sie den Zweck seines Vorgehens bald herausfinden und über diesen Zweck nicht erfreut sein wird. Es wird nichts mehr gesagt, bis der Leutnant hereinkommt. Giuseppe folgt ihm und bleibt bescheiden in Bereitschaft vor dem Tische stehn. Der Leutnant ohne Mütze, ohne Degen und ohne Handschuhe und infolge seiner Mahlzeit in viel besserer Laune und besserer Geistesverfassung wählt die Seite des Zimmers, auf der die Dame steht, und wartet sehr behaglich, bis Napoleon beginnt.)

(Napoleon.) Herr Leutnant!

(Leutnant ermutigend:) Herr General!

(Napoleon.) Ich kann diese Dame nicht dazu bewegen, mir viele Aufklärungen zu geben; aber es besteht kein Zweifel mehr darüber, daß der Mann, der Sie durch seine List dahin brachte, Ihre Pflicht zu verletzen, wie sie es bereits zugab, ihr Bruder ist.

(Leutnant triumphierend:) Was habe ich Ihnen gesagt, Herr General?

(Napoleon.) Sie müssen diesen Menschen finden, Ihre Ehre steht auf dem Spiel, und der Ausgang des Feldzuges, das Schicksal Frankreichs—Europas—der Menschheit vielleicht mag von den Mitteilungen abhängen, die jene Depeschen enthalten.

(Leutnant.) Ja, mir scheint, sie sind wirklich ziemlich wichtig. (Als ob er vorher kaum daran gedacht hätte.)

(Napoleon energisch:) Sie sind so wichtig, Herr Leutnant, daß ich Sie in Gegenwart Ihres Regiments degradieren werde, wenn Sie diese Depeschen nicht wiederfinden.

(Leutnant.) Hu! Ich kann Ihnen versichern, daß dem Regimente das wenig Spaß machen wird.

(Napoleon.) Persönlich bedaure ich Sie; ich würde die Sache, wenn das möglich wäre, gerne unterdrücken. Aber ich werde zur Rechenschaft gezogen werden, wenn ich nicht nach den Depeschen handle—ich werde der ganzen Welt beweisen müssen, daß ich sie niemals bekommen habe, was für Folgen das auch immer für Sie haben mag—es tut mir leid, aber Sie sehen, ich kann mir nicht anders helfen.

(Leutnant gutmütig:) Oh, nehmen Sie sich die Sache nicht zu Herzen, Herr General, Sie sind wirklich zu gütig. Was mir auch zustoßen sollte, ich werde schon irgendwie durchkommen, und wir werden die Österreicher für Sie schlagen—mit oder ohne Depeschen! Ich hoffe, Sie werden nicht darauf bestehen, daß ich ganz umsonst sofort Jagd nach diesem Burschen mache. Ich habe ja keine Ahnung, wo ich ihn suchen soll.

(Giuseppe ehrerbietig:) Sie vergessen, Herr Leutnant,—er hat Ihr Pferd.

(Leutnant auffahrend:) Das hab' ich ganz vergessen. (Entschlossen:) Ich werde nach ihm fahnden, Herr General, ich werde dieses Pferd, wenn es irgendwo in Italien noch am Leben ist, aufstöbern, und ich werde die Depeschen nicht vergessen—seien Sie unbesorgt. Geh', Giuseppe, und sattle eines von deinen schäbigen alten Postkutschpferden, während ich meine Mütze, meinen Degen und die übrigen Sachen hole,—schnell, marsch! fort mit dir! (Drängt ihn hinaus.)

(Giuseppe.) Sofort, Herr Leutnant, sofort! (Er verschwindet im Weingarten, den der Sonnenuntergang rötet.)

(Leutnant auf dem Wege nach der inneren Tür um sich blickend:) Da fällt mir ein, Herr General, habe ich Ihnen meinen Degen gegeben oder nicht? Oh, ich erinnere mich jetzt—(verdrießlich:) Das kommt davon, wenn man einen Menschen in Arrest setzt! Man weiß dann nie, wo man seine sieben Sachen gelassen… (Er schwätzt sich aus dem Zimmer.)

(Dame noch vor dem Büfett:) Was soll das alles bedeuten, Herr General?

(Napoleon.) Er wird Ihren Bruder nicht finden.

(Dame.) Selbstverständlich nicht; weil ich keinen habe.

(Napoleon.) Die Depeschen werden unwiederbringlich verloren sein.

(Dame.) Unsinn! Sie sind in Ihrer Rocktasche.

(Napoleon.) Sie werden einsehen, daß es schwerhalten wird, diese abenteuerliche Behauptung zu beweisen.

(Die Dame fährt auf; er fügt mit treffendem Nachdruck hinzu:) Diese Papiere sind verloren.

(Dame ängstlich, an die Ecke des Tisches vorwärtsschreitend:) Und deshalb soll die Karriere dieses unglücklichen Menschen geopfert werden?

(Napoleon.) Seine Karriere?! Der Bursche ist das Schießpulver nicht wert, das er kosten würde, wenn ich ihn niederknallen ließe! (Er wendet sich verachtungsvoll ab und geht zum Kamin, wo er der Dame den Rücken kehrt.)

(Dame gedankenvoll:) Sie sind sehr hart. Männer und Frauen sind Ihnen nichts als Dinge, dazu da, von Ihnen gebraucht zu werden, selbst wenn sie bei dem Gebrauch zugrunde gehn.

(Napoleon wendet sich zu ihr:) Wer von uns beiden hat diesen Burschen zugrunde gerichtet—ich oder Sie? Wer hat ihm die Depeschen abgelockt? Haben Sie dabei an seine Karriere gedacht?

(Dame naiv bekümmert um den Leutnant:) Oh, daran habe ich nicht gedacht! Es war brutal von mir—aber ich konnte nicht anders, nicht wahr? Wie hätte ich sonst die Papiere bekommen sollen? (Flehentlich:) Herr General, Sie werden ihm die Schande ersparen!

(Napoleon bitter lachend:) Retten Sie ihn, da Sie so gescheit sind! Sie waren es ja, die ihn ruiniert hat! (Mit wilder Betonung:) Ich hasse einen schlechten Soldaten! (Er geht entschlossen durch den Weingarten hinaus; sie folgt ihm einige Schritte mit einer beschwörenden Gebärde, wird aber durch die Rückkehr des Leutnants aufgehalten, der mit Handschuhen und Mütze und umgürtetem Degen marschbereit ist. Er durchschreitet das Zimmer nach der äußeren Tür zu, als sie ihm in den Weg tritt.)

(Dame.) Herr Leutnant!

(Leutnant wichtig:) Sie dürfen mich nicht aufhalten,—Dienst ist Dienst, gnädige Frau.

(Dame flehentlich:) O Herr Leutnant, was wollen Sie meinem armen Bruder tun?

(Leutnant.) Lieben Sie ihn sehr?

(Dame.) Ich würde sterben, wenn ihm etwas zustieße—Sie müssen ihn verschonen! (Der Leutnant schüttelt düster den Kopf.) Ja, ja, Sie müssen—Sie werden… Er darf noch nicht sterben! Hören Sie mich! Wenn ich Ihnen sage, wo er zu finden ist—wenn ich es unternehme, ihn als Gefangenen in

Ihre Hände zu liefern, damit Sie ihn dem General Bonaparte übergeben können—wollen Sie mir dann als Offizier und Edelmann bei Ihrer Ehre schwören, nicht mit ihm zu kämpfen oder ihn auf irgendeine Weise schlecht zu behandeln?

(Leutnant.) Aber gesetzt den Fall, daß er mich angreift… er hat meine Pistolen!

(Dame.) Dazu ist er viel zu feige.

(Leutnant.) Davon bin ich durchaus nicht so überzeugt—der ist zu allem fähig.

(Dame.) Für den Fall, daß er Sie angreifen oder den leisesten Widerstand leisten sollte, gebe ich Ihnen Ihr Versprechen zurück.

(Leutnant.) Mein Versprechen? Ich habe ja noch nichts versprochen. —Schauen Sie! Sie sind genau so gerieben wie Ihr Bruder.—Sie haben mich auch mittels der besseren Seite meiner Natur übervorteilen wollen. Und wie steht es mit meinem Pferd?

(Dame.) Es ist in unsere Abmachung eingeschlossen, daß Sie Ihr Pferd und Ihre Pistolen zurückbekommen sollen.

(Leutnant.) Bei Ihrer Ehre?

(Dame.) Bei meiner Ehre! (Sie reicht ihm die Hand.)

(Leutnant erfaßt sie und hält sie fest:) Abgemacht! Ich werde mit ihm sanft wie ein Lamm umgehen.—Seine Schwester ist eine sehr hübsche Frau. (Er versucht, sie zu küssen.)

(Dame ihm entschlüpfend:) O Herr Leutnant, Sie vergessen,—es geht um Ihre Karriere—um das Schicksal Europas—der Menschheit vielleicht…

(Leutnant.) Was schert mich das Schicksal der Menschheit! (Ihr nachsetzend:) Nur einen Kuß!

(Dame zieht sich hinter den Tisch zurück:) Nicht, bevor Sie Ihre Offiziersehre wiedergewonnen haben. Bedenken Sie—noch ist mein Bruder nicht Ihr Gefangener!

(Leutnant verführerisch:) Sie werden mir sagen, wo er ist—nicht wahr?

(Dame.) Ich brauche ihm nur ein vereinbartes Zeichen zu senden, und er wird in einer Viertelstunde hier sein.

(Leutnant.) Dann ist er also gar nicht weit?

(Dame.) Nein—sogar ganz nahe. Warten Sie hier auf ihn; sobald er meine Botschaft bekommt, wird er sofort hierhereilen, um sich Ihnen zu ergeben—verstehen Sie jetzt?

(Leutnant an dessen Verstand zu hohe Anforderungen gestellt werden:) Nun, die Sache ist zwar ein wenig kompliziert, aber ich hoffe, es wird schon alles in Ordnung sein.

(Dame.) Und jetzt, während Sie auf den Gefangenen warten, glauben Sie nicht, daß es besser wäre, Sie würden mit dem General die Bedingungen der Übergabe vereinbaren?

(Leutnant.) Sehen Sie, wie fürchterlich verwickelt die Sache ist! Was für Bedingungen?

(Dame.) Lassen Sie sich von ihm zusichern, daß er Ihre Soldatenehre als wiederhergestellt betrachtet, sobald Sie meinen Bruder gefangen haben. Unter dieser Bedingung wird er alles versprechen, was Sie verlangen.

(Leutnant.) Das ist keine schlechte Idee, ich danke Ihnen. Ich glaube, das werde ich doch versuchen.

(Dame.) Tun Sie das. Und vor allem eins: lassen Sie ihn ja nicht merken, wie gescheit Sie sind.

(Leutnant.) Ich verstehe:—er könnte neidisch werden.

(Dame.) Sagen Sie ihm nichts anderes, als daß Sie entschlossen sind, meinen Bruder gefangenzunehmen oder bei dem Versuche zugrunde zu gehn. Er wird Ihnen nicht glauben wollen—dann werden Sie meinen Bruder vorführen…

(Leutnant unterbrechend, da er nun endlich das Komplott begreift:) Und ihn auslachen! Nein, was für eine gescheite kleine Frau Sie sind! (Rufend:) Giuseppe!

(Dame.) Sch! Kein Wort zu Giuseppe über mich! (sie legt ihren Finger auf die Lippen, er tut dasselbe; sie blicken einander warnend an; dann ändert sie mit einem entzückenden Lächeln die Gebärde dahin, daß sie ihm einen Kuß zuwirft, und läuft durch die innere Tür hinaus. Elektrisiert, bricht er in ein kicherndes Frohlocken aus. Giuseppe kommt durch die äußere Tür zurück.)

(Giuseppe.) Das Pferd ist bereit, Herr Leutnant.

(Leutnant.) Ich gehe noch nicht gleich. Lauf! suche den General und sag ihm, daß ich ihn zu sprechen wünsche.

(Giuseppe den Kopf schüttelnd:) Das ist ganz unmöglich, Herr Leutnant.

(Leututnant.) Warum?

(Giuseppe.) In dieser bösen Welt kann ein General zwar nach einem Leutnant schicken, aber ein Leutnant darf niemals nach einem General schicken.

(Leutnant.) Ah, du meinst, das würde ihm nicht passen. Nun, du hast vielleicht recht. Man muß in diesen Dingen jetzt ungemein vorsichtig sein, seit wir eine Republik haben. (Da erscheint, vom Weingarten kommend, Napoleon, seinen Rock auf der Brust zuknöpfend, bleich und voll nagender Gedanken.)

(Giuseppe der sich der Nähe Napoleons nicht bewußt ist:) Sehr richtig, Herr Leutnant, sehr richtig! Ihr seid jetzt in Frankreich alle wie die Wirte. Ihr müßt gegen jedermann höflich sein.

(Napoleon seine Hand auf Giuseppes Schulter legend:) Und das nimmt der Höflichkeit ihren ganzen Wert—nicht wahr?

(Leutnant.) Ah, da ist mein Mann!—Herr General, gesetzt den Fall, daß ich Ihnen den Burschen stelle—

(Napoleon mit ironischem Ernst:) Sie werden ihn mir nicht stellen, mein Freund!

(Leutnant.) Aha! das glauben Sie—aber Sie werden schon sehen, warten Sie nur ab! Wenn ich ihn aber doch fangen und Ihnen übergeben sollte, werden Sie dann sagen: wir sind quitt!? Werden Sie dann die Geschichte von der Degradierung in Gegenwart meines Regiments fallen lassen? Nicht meinetwegen, wissen Sie!—aber kein Regiment läßt sich gerne dem Gelächter der andern Regimenter preisgeben.

(Napoleon ein kalter Schimmer von Humor huscht über sein düsteres Gesicht:) Was sollen wir mit diesem Offizier beginnen, Giuseppe, —alles, was er sagt, ist falsch.

(Giuseppe schlagfertig:) Machen Sie ihn zum General, Exzellenz; dann wird alles, was er sagt, richtig sein.

(Leutnant triumphierend:) Haha! (Er wirft sich in Ekstase auf das Sofa, um den Witz auszukosten.)

(Napoleon lacht und nimmt Giuseppe bei einem Ohr:) In diesem Wirtshaus kommst du nicht zur Geltung, Giuseppe. (Er setzt sich und stellt Giuseppe vor sich hin, wie ein Schulmeister seinen Schüler:) Soll ich dich mit mir nehmen und einen Mann aus dir machen?

(Giuseppe schüttelt wiederholt rasch den Kopf:) Nein, ich danke Ihnen, Herr General. Mein ganzes Leben lang haben Leute versucht, aus mir einen Mann zu machen.

Als ich ein Knabe war, wollte unser guter Pastor einen Mann aus mir machen, indem er mich lesen und schreiben lehrte; dann wollte der Organist zu Melegnano einen Mann aus mir machen, indem er mich im Notenlesen unterwies. Später würde der rekrutierende Korporal einen Mann aus mir gemacht haben, wenn ich ein paar Zoll größer gewesen wäre, —aber immer hätte das für mich Arbeit bedeutet; dazu bin ich aber zu faul, dem Himmel sei Dank! So lernte ich statt alldem kochen und wurde Wirt, und nun halte ich Dienerschaft für die Arbeit und habe selber nichts zu tun, als zu schwatzen, was mir ausgezeichnet bekommt.

(Napoleon ihn gedankenvoll anblickend:) Bist du zufrieden?

(Giuseppe in froher Überzeugung:) Vollkommen, Exzellenz!

(Napoleon.) Und du hast keinen verzehrenden Teufel im Leibe, der Tag und Nacht mit Taten und Siegen gefüttert werden muß—der dich mit dem Schweiße deines Körpers und deines Gehirnes, mit Wochen von Herkulesarbeiten zehn Minuten des Genusses bezahlen läßt, der gleichzeitig dein Sklave und dein Tyrann ist, dein Genius und dein Verhängnis—der dir mit der einen Hand eine Krone reicht und das Ruder eines Galeerensklaven mit der andern—der dir alle Königreiche der Erde zeigt und dich zu ihrem Herrn zu machen verspricht unter der Bedingung, daß du ihr Diener wirst?—Von alledem hast du nichts im Leibe?

(Giuseppe.) Nichts dergleichen. Aber ich versichere Ihnen, Exzellenz, mein verzehrender Teufel ist weit schlimmer; er bietet mir weder Kronen noch Königreiche: er erwartet alles umsonst von mir zu bekommen—Würste, Omeletten, Trauben, Käse, Polenta, Wein—täglich dreimal, Exzellenz, nichts Geringeres will ihm genügen.

(Leutnant.) Hör' auf, Giuseppe!—Deine Worte machen mich wieder hungrig. (Giuseppe verbeugt sich, sich entschuldigend und zieht sich von dem Gespräche zurück. Er macht sich am Tische zu schaffen, staubt ihn ab, legt die Landkarte zurecht and rückt Napoleons Stuhl, den die Dame zurückgestoßen hat, wieder an seinen richtigen Platz.)

(Napoleon wendet sich zum Leutnant mit sardonischer Feierlichkeit:) Ich hoffe, daß ich nicht ehrgeizige Gefühle in Ihnen erweckt habe.

(Leutnant.) Durchaus nicht. Ich fliege nicht so hoch,—überdies ist es besser, daß ich so bleibe wie ich bin. Männer wie ich werden gerade jetzt in der Armee gebraucht. Die Revolution paßte nämlich ganz gut für Zivilisten, aber für die Armee taugt sie nichts. Sie wissen, wie Soldaten sind, Herr General: sie bestehen darauf, Männer von Rang zu Ihren Offizieren zu haben. Ein Leutnant muß ein Edelmann sein, weil er mit den Soldaten soviel in Berührung kommt; aber ein General oder selbst ein Oberst kann aus dem schlechtesten Ausschuß entnommen werden, wenn er sein Geschäft gut genug versteht. Ein Leutnant ist ein Edelmann, alles andere ist Zufall. Was glauben Sie, wer hat die Schlacht bei Lodi gewonnen? Ich will es Ihnen sagen: mein Pferd.

(Napoleon erhebt sich:) Ihre Dummheit führt Sie zu weit,—nehmen Sie sich in acht!

(Leutnant.) Durchaus nicht. Sie erinnern sich doch an die heftige Kanonade von einem Flußufer zum andern: die Österreicher bombardierten Sie, um Ihren Übergang zu verhindern, und Sie bombardierten die Österreicher, um sie davon abzuhalten, daß Sie die Brücke in Brand setzten. Haben Sie bemerkt, wo ich während dieser Zeit gewesen bin?

(Napoleon mit drohender Höflichkeit:) Ich bedaure—ich glaube, ich war in diesem Augenblick zu sehr beschäftigt.

(Giuseppe mit eifriger Bewunderung:) Man erzählt sich, daß Sie von Ihrem Pferde abgesprungen sind und die großen Kanonen mit eigenen Händen abgeprotzt haben, Herr General!

(Leutnant.) Das war ein Mißgriff: ein Offizier sollte sich nie dazu hergeben, die Arbeit seiner Untergebenen zu verrichten. (Napoleon sieht ihn gefahrdrohend an und beginnt wie ein Tiger auf und ab zu gehen.) Aber Sie könnten noch jetzt ganz zwecklos auf die Österreicher feuern, wenn wir Kavalleristen nicht die Furt gefunden hätten, über den Fluß gesetzt wären und Sie dadurch unterstützt hätten, daß wir Beaulieus Flanke von Ihnen abwendeten. Sie würden es nicht gewagt haben—und Sie wissen das selbst sehr genau—den Befehl zu geben, die Brücke stürmen zu lassen, wenn Sie uns nicht auf dem jenseitigen Ufer gesehen hätten. Deshalb sage ich, daß nur der Entdecker jener Furt die Schlacht bei Lodi gewonnen hat.—Nun, und wer hat sie entdeckt?—Ich war der erste Mann, der sie überschritt, und ich weiß es—mein Pferd hat sie gefunden. (Mit Überzeugung, während er sich vom Sofa erhebt:) Eigentlich hat mein Pferd die Österreicher besiegt.

(Napoleon zornig:) Sie Idiot, ich werde Sie erschießen lassen, weil Sie die Depeschen verloren haben! Ich werde Sie vor die Mündung einer Kanone binden and in die Luft sprengen lassen! Andere Maßregeln sind ja nicht imstande, Eindruck auf Sie zu machen. (Ihn anbrüllend:) Hören Sie! verstehen Sie! (Ein französischer Offizier tritt unbeachtet ein, seinen in der Scheide befindlichen Degen in der Hand.)

(Leutnant uneingeschüchtert:) Wenn ich ihn nicht erwischen werde, Herr General, nur dann! Bedenken Sie das Wenn!

(Napoleon.) Wenn! wenn!... Esel! dieser Mann existiert überhaupt nicht!

(Der Offizier tritt plötzlich zwischen sie und spricht mit der unverkennbaren Stimme der fremden Dame:) Herr Leutnant, ich bin Ihr Gefangener! (Sie bietet ihm ihren Degen.—Sie sind sprachlos vor Erstaunen. Napoleon start sie einen Augenblick, wie vom Donner gerührt, an, reißt sie dann am Handgelenk rauh zu sich hin, betrachtet sie wild aus der Nähe, um ihre Identität selbst festzustellen, denn es beginnt rasch zu dunkeln und der rote Schein über dem Weingarten weicht einem hellen Sternenlicht.)

(Napoleon.) Pah! (Er läßt mit einem Ausruf des Widerwillens ihre Hand fahren und wendet ihr düster blickend den Rücken zu, seine Hand in den Brustfalten des Waffenrockes.)

(Leutnant nimmt triumphierend den Degen:) Dieser Mann existiert überhaupt nicht—was, Herr General? (Zu der Dame:) Ich frage Sie: wo ist mein Pferd?

(Dame.) Es wartet gesund in Borghetto auf Sie, Herr Leutnant.

(Napoleon sich zu ihnen wendend:) Wo sind die Depeschen?

(Dame.) Das würden Sie niemals erraten—die sind an dem unwahrscheinlichsten Orte von der Welt. Hat jemand von Ihnen meine Schwester hier gesehen?

(Leutnant.) Ja! sehr hübsche Dame! Sie sieht Ihnen ganz wunderbar ähnlich, aber natürlich ist sie viel hübscher.

(Dame geheimnisvoll:) Nun—wissen Sie aber auch, daß sie eine gefährliche Hexe ist?

(Giuseppe läuft auf sie zu und bekreuzigt sich:) O nein, nein, nein! Es ist gefährlich, mit solchen Dingen zu scherzen! Ich kann das in meinem Hause nicht dulden, Exzellenz!

(Leutnant.) Ja, lassen Sie das. Sie sind mein Gefangener, das wissen Sie. Selbstverständlich glaube ich nicht an so einen Unsinn; aber es ist doch kein Ding, mit dem man spaßen sollte.

(Dame.) Es ist aber so, ich spreche vollkommen ernst. Meine Schwester hat den Herrn General behext. (Giuseppe und der Leutnant weichen von Napoleon zurück.) Herr General, öffnen Sie Ihren Rock, und Sie werden die Depeschen in Ihrer Brusttasche finden. (Sie legt ihre Hand rasch auf seine Brust.) Ja, hier sind sie—ich kann sie fühlen… Nun? (Sie sieht ihm ins Gesicht, halb schmeichlerisch, halb spöttisch.) Wollen Sie mir gestatten, Herr General—? (Sie faßt einen Knopf, als ob sie seinen Rock aufknöpfen wollte, und wartet auf Erlaubnis.)

(Napoleon unergründlich:) Wenn Sie es wagen.

(Dame.) Ich danke Ihnen. (Sie öffnet seinen Rock und nimmt die Depeschen heraus.) Da sind sie! (Zu Giuseppe, ihm die Depeschen zeigend:) Sehen Sie?

(Giuseppe zur äußeren Tür fliehend:) Nein—um Gottes willen; Sie sind behext!

(Dame sich zu dem Leutnant wendend:) Hier, Herr Leutnant, Sie fürchten sich doch nicht vor den Papieren.

(Leutnant zurückweichend:) Zehn Schritt vom Leibe! (Den Knauf des Degens erfassend:) Ich sage Ihnen, zehn Schritt vom Leibe!

(Dame zu Napoleon:) Die Schriftstücke gehören Ihnen, Herr General, nehmen Sie sie!

(Giuseppe.) Berühren Sie sie nicht, Exzellenz! Machen Sie sich damit nicht zu schaffen!

(Leutnant.) Seien Sie vorsichtig, Herr General,—seien Sie vorsichtig!

(Giuseppe.) Verbrennen Sie sie—und verbrennen Sie die Hexe dazu!

(Dame zu Napoleon:) Soll ich sie verbrennen?

(Napoleon gedankenvoll:) Ja… verbrennen Sie sie.—Giuseppe, geh' und hole ein Licht.

(Giuseppe zitternd und stammelnd:) Muten Sie mir wirklich zu, daß ich allein gehen soll… im Dunkeln… wo eine Hexe im Hause ist…

(Napoleon.) Pah! Du bist ein Feigling! (Zum Leutnant:) Sie werden mich verbinden, wenn Sie gehen wollen, Herr Leutnant.

(Leutnant sich verwahrend:) Oh! gestatten Sie mir zu bemerken, Herr General… nein, Sie wissen… niemand kann nach Lodi sagen, daß ich ein Feigling bin… aber von mir zu verlangen, daß ich allein im Dunkeln gehen soll… ohne eine Kerze… nach so einer schauerlichen Unterhaltung… das ist ein bißchen zuviel!—Würden Sie selbst so etwas gerne tun?

(Napoleon gereitzt:) Sie weigern sich also, meinem Befehle zu gehorchen?

(Leutnant entschlossen:) Ja, das tu' ich. Es ist unbillig, so was zu verlangen—aber ich will Ihnen sagen, wozu ich bereit bin: wenn Giuseppe geht, dann will ich mit ihm gehn und ihn beschützen.

(Napoleon zu Giuseppe:) Du hörst… Wird dir das genügen? Macht, daß ihr fortkommt, alle beide!

(Giuseppe demütig mit zitternden Lippen:) Sehr gerne—wie Sie befehlen, Exzellenz! (Er geht widerstrebend nach der inneren Türe.) Der Himmel schütze mich! (Zum Leutnant:) Nach Ihnen, Herr Leutnant!

(Leutnant.) Es wäre besser, du gingest voraus—ich weiß den Weg nicht.

(Giuseppe.) Er ist nicht zu verfehlen. Überdies (flehentlich die Hand auf seinen Ärmel legend:) ich bin nur ein armer Wirt, und Sie sind ein Edelmann!

(Leutnant.) Da hast du nicht so unrecht. Da—du brauchst keine solche Angst zu haben—nimm meinen Arm. (Giuseppe tut es.) So ist's recht... (Sie gehen Arm in Arm hinaus. Jetzt ist es sternenhelle Nacht. Die Dame wirft das Paket auf den Tisch, setzt sich behaglich auf das Sofa und genießt die Freude, von ihren Unterröcken befreit zu sein.)

(Dame.) Nun, Herr General—ich habe Sie doch besiegt!

(Napoleon geht auf und ab:) Sie haben sich der Unzartheit, der Unweiblichkeit schuldig gemacht. Halten Sie dieses Kleid, das Sie da tragen, für schicklich?

(Dame.) Es scheint mir dem Ihrigen sehr ähnlich zu sein.

(Napoleon.) Pfui! ich erröte für Sie!

(Dame naiv:) Ja?... Soldaten erröten so leicht! (Er brummt und wendet sich ab. Sie blickt ihn schelmisch an, die Depeschen in ihrer Hand wiegend.) Wollen Sie diese da nicht lesen, bevor wir sie verbrennen, General? Sie müssen vor Neugierde sterben. Werfen Sie einen Blick hinein. (Sie wirft das Paket auf den Tisch und wendet das Gesicht davon ab.) Ich will nicht hinsehen.—

(Napoleon.) Ich habe keinerlei Neugierde, Madame. Aber da Sie selbst augenscheinlich darauf brennen, sie zu lesen, erlaube ich Ihnen, es zu tun.

(Dame.) Oh! ich hab' sie schon gelesen.

(Napoleon auffabrend:) Was?!

(Dame.) Das war das erste, was ich getan habe, als ich auf dem Pferde dieses armen Leutnants davongeritten bin. Sie sehen also: ich weiß, was darin steht; aber Sie wissen es nicht.

(Napoleon.) Sie entschuldigen—ich habe sie auch gelesen, als ich vor zehn Minuten draußen im Weingarten spazieren ging.

(Dame aufspringend:) Oh, Herr General! ich habe Sie nicht besiegt! Ich bewundere Sie unendlich! (Er lacht und streichelt ihre Wangen.) Diesmal wirklich und wahrhaftig, ohne Hintergedanken. Ich huldige Ihnen! (Küßt seine Hand.)

(Napoleon sie rasch zurückziehend:) Brrr! tun Sie das nicht. Genug der Hexerei!

(Dame.) Ich möchte Ihnen etwas sagen—doch Sie würden es mißverstehen.

(Napoleon.) Braucht Sie das zu hindern?

(Dame.) Also, das ist es: ich bete einen Mann an, der sich nicht fürchtet, gemein und selbstsüchtig zu sein.

(Napoleon entrüstet:) Ich bin weder gemein noch selbstsüchtig!

(Dame.) Oh, Sie tun sich selbst unrecht. Überdies, ich meine ja nicht wirklich gemein und selbstsüchtig.

(Napoleon.) Ich danke Ihnen—ich dachte, Sie meinten es vielleicht doch!

(Dame.) Na ja, natürlich mein' ich es auch in gewissem Sinne. Aber was ich bewundere, das ist eine gewisse starke Einfachheit in Ihnen.

(Napoleon.) Das klingt schon besser.

(Dame.) Sie wollten die Briefe nicht lesen; aber Sie waren neugierig, zu wissen, was darinnen steht. Sie gingen also in den Garten und lasen sie, als niemand zusah, und kamen dann zurück und taten so, als ob Sie sie nicht gelesen hätten. Das ist wohl das gemeinste, was ich jemals einen Mann habe tun sehen; aber es erfüllte gerade Ihren Zweck, und so haben Sie sich nicht im geringsten geschämt oder gefürchtet, es zu tun.

(Napoleon kurz angebunden:) Wo haben Sie all diese niedrigen Skrupeln aufgelesen?—(Mit verachtungsvollem Nachdruck:) Dieses "Ihr Gewissen"? Ich habe Sie für eine Dame gehalten—eine Aristokratin. Bitte, war Ihr Großvater vielleicht ein Krämer?

(Dame.) Nein, er war Engländer.

(Napoleon.) Das erklärt alles. Die Engländer sind eine Nation von Krämern. Nun begreife ich, warum Sie mich besiegt haben.

(Dame.) Aber, ich habe Sie nicht besiegt—und ich bin keine Engländerin.

(Napoleon.) Doch, das sind Sie! Englisch bis in die Fingerspitzen. Hören Sie mir zu, ich will Ihnen die Engländer erklären.

(Dame erpicht darauf, es sru hören:) Ich bitte. (Mit gespannter Miene einen intellektuellen Genuß erwartend, setzt sie sich auf das Sofa und bereitet sich vor, ihm zuzuhören. Seines Publikums sicher, rafft sich Napoleon sofort zu einer Vorstellung auf. Er überlegt ein bißchen, bevor er beginnt, um ihre Aufmerksamkeit durch eine Pause zu erhöhen. Anfangs ahmt er den Stil Talmas in Corneilles "Cinna" nach, aber in der Dunkelheit geht etwas davon verloren, und Talma macht bald Napoleon Platz, dessen Stimme mit überraschender Heftigkeit durch die Dämmerung bricht.)

(Napoleon.) Es gibt dreierlei Menschen auf Erden: die Kleinen, die Mittleren und die Großen. Die Kleinen und die Großen sind einander in einem Punkte gleich: sie haben keinerlei Skrupel, keinerlei Moral, —die Kleinen stehen tief unter der Moral, die Großen hoch über ihr. Ich fürchte sie beide nicht! Denn die Kleinen sind skrupellos, ohne Wissen—sie machen mich deshalb zu ihrem Abgott; die Großen sind ebenso skrupellos, ohne starkes Wollen, sie beugen sich deshalb vor meinem Willen. Sehen Sie: ich werde über all das niedere Volk und über all die Höfe Europas hinweggehen wie die Pflugschar über ein Ackerfeld. Die Mittelklasse aber, die ist gefährlich. Sie besitzt beides: Wissen and Wollen. Aber auch sie hat ihre schwache Seite: das Gewissen. Sie ist voller Skrupel,—an Händen and Füßen durch Moral und Ehrenhaftigkeit gefesselt.

(Dame.) Dann werden Sie die Engländer überholen; denn alle Krämer gehören zur Mittelklasse.

(Napoleon.) Nein! Denn die Engländer sind eine Rasse für sich. Kein Engländer steht zu tief, um Skrupel zu haben, und keiner hoch genug, um von ihrer Tyrannei befreit zu sein. Aber jeder Engländer kommt mit einem wunderbaren Talisman zur Welt, der ihn zum Herrn der Erde macht. Wenn der Engländer etwas will, gesteht er sich nie ein, daß er es will. Er wartet geduldig, bis in ihm—Gott weiß wie—die tiefe Überzeugung erwacht, daß es seine moralische und religiöse Pflicht sei, diejenigen zu unterwerfen, die das haben, was er will. Dann wird er unwiderstehlich. Wie der Aristokrat, tut er, was ihm gefällt, und schnappt nach dem, wonach ihn gelüstet. Wie der Krämer, verfolgt er seinen Zweck mit dem Fleiß und der Beharrlichkeit, die von starker, religiöser Überzeugung und dem tiefen Sinn für moralische Verantwortlichkeit herrühren. Er ist nie in Verlegenheit um eine wirksame, moralische Pose. Als großer Vorkämpfer der Freiheit und der nationalen Unabhängigkeit erobert er die halbe Welt, ergreift Besitz von ihr und nennt das "Kolonisation". Wenn er einen neuen Markt für seine schlechten Manchesterwaren braucht, schickt er Missionäre aus, die den Wilden das Evangelium des Friedens verkünden müssen. Die Wilden töten den Missionar; nun eilt er zu den Waffen, zur Verteidigung des Christentums, kämpft and siegt für seinen Glauben und nimmt als göttliche Belohnung den Markt in Besitz. Zur Verteidigung seiner Inselgestade nimmt er einen Schiffsgeistlichen an Bord, nagelt eine Flagge mit einem Kreuz an den Hauptmast and segelt so bis ans Ende der Welt, und bohrt in den Grund, verbrennt und zerstört alles, was ihm die Herrschaft auf dem Meere streitig macht. Er prahlt damit, daß jeder Sklave frei werde, sobald sein Fuß britischen Boden betritt; dabei verkauft er die Kinder seiner Armen, kaum daß sie sechs Jahre alt sind, an Fabrikherren und läßt sie täglich sechzehn Stunden unter der Peitsche Sklavenarbeit verrichten. Er macht zwei Revolutionen und erklärt dann im Namen des Gesetzes und der Ordnung der unsern den Krieg. Nichts ist so schlecht und nichts so gut, daß Sie es einen Engländer nicht werden vollbringen sehen, aber Sie werden einem Engländer niemals beweisen können, daß er im Unrecht ist. Denn er tut alles aus Grundsatz. Er führt Krieg aus patriotischem Grundsatz, er betrügt aus geschäftlichem Grundsatz, er macht freie Völker zu Sklaven aus reichspolitischem Grundsatz, er behandelt Euch grob aus männlichem Grundsatz, er hält treu zu seinem Könige aus loyalem Grundsatz und schlägt seinem Könige aus republikanischem Grundsatz den Kopf ab. Seine Losung ist dabei immer nur seine "Pflicht." Und er vergißt nie, daß die Nation verloren ist, die ihre Pflicht dort sucht, wo nicht ihr Vorteil zu finden ist. Er…

(Dame.) Uh! uh! uh! Halten Sie einen Augenblick inne! Ich möchte wissen, wie Sie auf Grund dieser Beobachtungen aus mir eine Engländerin machen wollen.

(Napoleon seinen rhetorischen Stil fallen lassend:) Das ist einfach genug. Sie wollten einige Briefe, die mir gehörten. Sie haben den Morgen damit verbracht, sie zu stehlen… jawohl, sie zu stehlen—durch Straßenraub. Und Sie haben den Nachmittag damit verbracht, mich darüber ins Unrecht zu setzen, indem Sie annahmen, daß ich es war, der Ihre Briefe stehlen wollte. Denn Sie haben mir einreden wollen, daß meine Gemeinheit and Selbstsucht und Ihre Güte, Ihre Ergebenheit and Ihre Selbstaufopferung an allem schuld seien. Das ist englisch!

(Dame.) Unsinn! ich weiß zu gut, wie wenig ich Engländerin bin. Die Engländer sind ein sehr dummes Volk.

(Napoleon.) Ja, zu dumm manchmal, um zu wissen, wann sie geschlagen sind. Aber ich gebe zu, daß Ihr Gehirn nicht englisch ist. Sie sehen: obwohl Ihr Großvater ein Engländer war, war Ihre Großmutter wohl—was? Französin?

(Dame.) O nein! Irländerin.

(Napoleon rasch:) Irländerin…? (Gedankenvoll:) Ja, ich vergaß—die Irländer… Eine englische Armee, geführt von einem irischen General: die könnte sich messen mit einer französischen Armee, die von einem italienischen General befehligt wird. (Er hält inne und fügt halb scherzend, halb traurig hinzu:) Wie immer es sei… Sie haben mich besiegt—und was einen Mann zuerst besiegt, das wird ihn auch zuletzt besiegen. (Er tritt gedankenvoll in den im Mondlicht gebadeten Weingarten hinaus und blickt nach oben. Sie stiehlt sich an seine Seite und wagt es, ihre Hand auf seine Schulter zu legen, überwältigt von der Schönheit der Nacht und ermutigt durch ihre Dunkelheit.)

(Dame sanft:) Wonach blicken Sie?

(Napoleon nach aufwärts zeigend:) Nach meinem Stern.

(Dame.) Glauben Sie an ihn?

(Napoleon.) Ja. (Sie sehen einen Augenblick nach dem Stern hin; sie lehnt sich ein wenig an seine Schulter.)

(Dame.) Wissen Sie, daß man in England sagt, eines Mannes Stern sei unvollständig ohne das Strumpfband einer Frau?[*]

[Footnote *: Eine Anspielung auf den Stern eines Ordens und den Hosenbandorden.]

(Napoleon entrüstet, schüttelt sie kurz ab und kommt zurück in das Zimmer:) Pah! die Heuchler! Wenn die Franzosen so etwas sagten, würden sie in frommem Schauder abwehrend die Hände erheben. (Er geht nach der inneren Türe und hält sie offen.) He! Giuseppe! wo bleibt das Licht, Mensch? (Er kommt zwischen den Tisch und das Büfett und rückt den zweiten Stuhl an den Tisch, neben seinen eigenen:) Wir müssen den Brief noch verbrennen. (Er hebt das Paket auf. Giuseppe kommt zurück. Noch bleich und zitternd, trägt er in der einen Hand einen Armleuchter mit ein paar brennenden Kerzen und eine breite Lichtputzschere in der andern.)

(Giuseppe kläglich, während er das Licht auf den Tisch stellt:) Exzellenz, wonach haben Sie eben da draußen ausgeschaut? (Er zeigt über seine Schulter nach dem Weingarten, fürchtet sich aber, umherzublicken.)

(Napoleon das Paket aufmachend:) Was geht dich das an?

(Giuseppe stammelnd:) Weil die Hexe fort ist—verschwunden… und niemand hat sie fortgehen sehn.

(Dame hinter ihm aus dem Weingarten tretend:) Wir haben sie beobachtet, wie sie auf ihrem Besenstiel zum Mond hinaufgeritten ist. Giuseppe, Sie werden sie nie wiedersehen!

(Giuseppe.) Jesus Maria! (Er bekreuzigt sich und eilt hinaus.)

(Napoleon wirft die Briefe in einem Haufen auf den Tisch:) Nun, also! (Er setzt sich auf den Stuhl, den er eben hingestellt hat.)

(Dame.) Ja; aber Sie wissen doch—den bewußten Brief haben Sie noch in Ihrer Tasche. (Er lächelt, nimmt einen Brief aus der Tasche und wirft ihn auf die Spitze des Haufens. Sie hebt ihn auf, betrachtet Napoleon und sagt:) Cäsars Frau betreffend.

(Napoleon.) Cäsars Frau ist über allen Verdacht erhaben—verbrennen Sie ihn.

(Dame nimmt den Brief mit der Lichtputzschere und hält ihn damit an die Kerzenflamme:) Wäre Cäsars Frau wohl über allen Verdacht erhaben, wenn sie uns beide hier sitzen sähe—? Wer weiß—?

(Napoleon ihre Worte mechanisch wiederholend, die Ellbogen auf den Tisch und die Wangen in die Hände gestützt, den Brief betrachtend:) Wer weiß—? (Die fremde Dame legt den angezündeten Brief auf das Lichtputzbrett und setzt sich neben Napoleon in der gleichen Stellung, die Ellbogen auf den Tisch, die Wangen in die Hände gestützt, und sieht zu, wie er verbrennt. Als er verkohlt, wenden sie beide gleichzeitig ihre Blicke davon ab und sehen einander an. Der Vorhang gleitet langsam herab und entzieht sie den Blicken.)